La spécialisation de la justice administrative au Tchad

Collection « Études africaines »

dirigée par Denis Pryen et son équipe

Forte de plus de mille titres publiés à ce jour, la collection « Études africaines » fait peau neuve. Elle présentera toujours les essais généraux qui ont fait son succès, mais se déclinera désormais également par séries thématiques : droit, économie, politique, sociologie, etc.

Dernières parutions

Jean Christophe TSHIMPAKA BODUMBU, *Le numérique et l'enseignement en RDC, Appropriation des artefacts numériques par les enseignants*, 2022.
Axel Presnel AVERROES ACHOUR KORONDO, *L'échec du contrat social et le constat du chaos centrafricain,* 2022.
Laurent Falay LWANGA, *Histoire de l'éducation en Afrique subsaharienne. Cas de la RDC,* 2022.
Jean-Paul BALGA, *Le sens de la dot en pays* tupuri, 2022.
Mohamed HARAKAT (dir.), *Géopolitique et géoéconomie marocaines en Afrique*, 2022.
Sous la direction de MOUSSA II et Christian Théophile OBAMA BELINGA, *Voies de communication et espaces culturels en Afrique noire: hommage à Philippe Blaise Essomba*, 2022.
Gilbert NGUEMA ENDAMNE et Céline BILOGHE EKOUACHE, *La désillusion de l'école en milieu populaire au Gabon. Uniformisation ou diversification représentationnelle ?*, 2022.
Patrick KABOU, *Le droit de la guerre dans les religions et traditions d'Afrique noire,* 2021.
Mgr Léonard KASANDA LUMEMBU, *La sorcellerie chez les Baluba du Kasayi (RDC),* 2021.
Boubacar NIANG, *Le gouverneur Faidherbe à Saint-Louis et au Sénégal (1854-1861/1863-1865). Mythes et réalités dans l'œuvre du précurseur de la colonisation française en Afrique occidentale*, 2021.
Debeau MUNAYENO MUVOVA et Didier PIDIKA MUKAWA, *Covid-19 au Congo-Kinshasa, Représentations*

Arsène Landry Nguena Djoufack
et Brahim Vamalamou

La spécialisation de la justice administrative au Tchad

Avant-propos de Tab Tilo Guelmbaye
Préface de Bernard-Raymond Guimdo Dongmo

L'Harmattan

***

5-7, rue de l'École-Polytechnique – 75005 Paris
www.editions-harmattan.fr
ISBN : 978-2-343-25489-0
EAN : 9782343254890

DÉDICACE

À nos familles respectives…

REMERCIEMENTS

Les remerciements sont éphémères, mais la reconnaissance est éternelle !

Que tous ceux qui nous ont aidés, dans l'accomplissement de cette œuvre scientifique, reçoivent notre profonde gratitude !

SIGLES ET PRINCIPALES ABRÉVIATIONS

AJDA	Actualité Juridique de Droit Administratif
Art.	Article
CA/CA	Chambre Administrative de la Cour Appel
CE	Conseil d'État
CS/CA/SC	Cour Suprême, Chambre Administrative, Section Contentieuse
c/	Contre
éd.	édition
EDCE	Étude et Documentation du Conseil d'État
ENA	École Nationale d'Administration
ENFJ	École Nationale de Formation Judiciaire
GAJA	Grands Arrêts de la Jurisprudence Administrative
Ibid., Ibidem.	De même, au même endroit
LGDJ	Librairie Générale de Droit et de Jurisprudence
N°	numéro

op.cit.	Opere Citato (Ouvrage précité)
p. /pp	Page/Pages
PUAM	Presse Universitaire d'Aix-Marseille
PUF	Presse Universitaire Française
RASJ	Revue Africaine des Sciences Juridiques
RCD	Revue Camerounaise de Droit
RDP	Revue du Droit Public et Science Politique en France et à l'étranger
RFDA	Revue Française du Droit Administratif
RJPIC	Revue Juridique, Politique Indépendance et Coopération
RJP	Revue Juridique et Politique
RJT	Revue Juridique Tchadienne
S.	Suivant
TGI	Tribunal de Grande Instance
V.	Voir
Vol.	Volume

AVANT-PROPOS

Grande fut ma joie lorsque les auteurs m'ont sollicité pour dire quelques mots en guise d'un avant-propos de cet ouvrage qui porte sur la spécialisation de la justice administrative au Tchad.

Il convient de rappeler que dans tous les États modernes, le principe de la soumission de l'administration au respect de la règle de droit est devenu de nos jours, une condition nécessaire d'affirmation de la légitimité même de l'administration. Le Tchad ne fait aucunement exception à ce principe. Inspiré par le système juridique et juridictionnel français, le Tchad a réadapté, après l'indépendance, son système juridictionnel pour mieux répondre aux exigences contextuelles. De cette réorganisation, à la différence du système français, la particularité du système juridique tchadien réside d'abord dans la forme même de l'appareil judiciaire. Ainsi, il a été consacré un ordre unique de juridiction, partagé entre les chambres judiciaires, administratives et des comptes. On retrouve les chambres administratives dans les tribunaux de grande instance, dans les cours d'appel et une au sommet de la hiérarchie, dans la Cour suprême. Quant au fond, ces chambres disposent chacune d'une compétence et procédure propre à elles. C'est ainsi que le règlement des litiges administratifs est organisé au Tchad.

Dans cet ouvrage, les auteurs ont interrogé la spécialisation de la justice administrative tchadienne. Ainsi, en analysant l'organisation et le fonctionnement du contentieux administratif tchadien, ils ont relevé les manquements et n'ont pas hésité à faire des propositions pour combler certains vides. Je pense que le législateur tchadien aura à sa portée, un document riche en perspective, qui pourrait l'intéresser sans doute, dans les réformes à venir.

Il faut dire qu'en dépit des difficultés que rencontre le juge administratif tchadien, ce dernier reste malgré tout un juge présentant une posture de pédagogue. Comme les auteurs ont su le mentionner, le juge administratif va, d'une part, faire preuve de compréhensibilité des requérants, car ceux-ci n'ayant pas souvent une bonne connaissance juridique ; et d'autre part, il recadre l'administration lorsque celle-ci refuse d'exécuter une décision de justice.

Dans un style correct, agréable et facile à lire, les auteurs ont mené une réflexion de qualité. Cet ouvrage est une véritable contribution au développement et à la compréhension du droit administratif et du contentieux administratif tchadien, en particulier. D'ailleurs la rareté des ouvrages dans ce domaine au Tchad, lui accorde toute son importance.

Je souhaite que ce livre soit au service des étudiants, universitaires, administrateurs, magistrats et citoyens. Ceci est un véritable précis du contentieux administratif tchadien. Que cet ouvrage soit au service du Tchad, de l'Afrique et du monde entier.

Monsieur TAB TILO GUELMBAYE
Enseignant-chercheur ;
ancien Commissaire du Gouvernement ;
actuellement Conseiller à la Cour Suprême du Tchad.

PRÉFACE

La spécialisation de la justice administrative au Tchad. Tel est le titre de l'ouvrage de Messieurs **NGUENA DJOUFACK Arsène Landry et VAMALAMOU Brahim**, pour lequel j'ai le plaisir de livrer la présente préface. J'ai accepté tout naturellement de la faire pour au moins deux raisons. La première, subjective, tient au bonheur d'un Maitre, logiquement heureux de voir ses disciples grandir et surtout s'investir pour s'affirmer scientifiquement. La seconde, objective, est qu'il s'agit d'une réflexion intéressante, qui concerne une discipline qui m'est chère, et que j'enseigne depuis plusieurs années déjà, et sur laquelle j'ai produit de nombreuses publications, à savoir le droit du contentieux administratif.

Au demeurant, le contentieux administratif connait, depuis le vent de libération de la décennie 90, un développement de plus en plus affirmé dans les États d'Afrique subsaharienne, qui ont résolument décidé d'entamer leur marche vers un véritable État de droit...administratif. C'est sans doute ce qui justifie le fait que la doctrine publiciste en général, et administrativiste en particulier, en fasse aujourd'hui l'un de ses champs de réflexion privilégiée. Cependant, si le contentieux administratif de certains États, comme le Cameroun, le Sénégal, le Bénin, pour ne citer que ceux-là, a particulièrement suscité l'intérêt de la doctrine, avec la publication de nombreux ouvrages et articles, tel n'est pas le cas du contentieux administratif du Tchad qui, pourtant, existe, a son propre cadre juridique et ses propres dynamiques, qui méritent d'être étudiés.

Le présent ouvrage a donc le mérite de remédier à ce déficit de travaux scientifiques et surtout d'ouvrages publiés dans le domaine du contentieux administratif au Tchad. Il s'agit, incontestablement, d'un important travail scientifique mis à la disposition, non seulement des chercheurs, mais aussi de l'ensemble des acteurs intéressés par la justice administrative tchadienne (législateur, administrateurs, juges, justiciables, etc.), et donc, d'une donnée à lire, à utiliser et à faire connaitre.

Les auteurs partent de l'idée que la justice administrative en général, par ses fondements tels que développés et consolidés depuis la Révolution française de 1789, se veut une justice spécialisée, distincte et séparée de la justice judiciaire, aussi bien sur le plan organique que sur le plan fonctionnel.

S'interrogeant alors sur la réception de cette conception de la justice administrative au Tchad, **NGUENA DJOUFACK Arsène Landry et VAMALAMOU Brahim** formulent l'idée selon laquelle, *« bien qu'ayant fait le choix du dualisme ou même du pluralisme juridictionnel, qui implique une spécialisation de la justice administrative, le Tchad ne l'applique pas, du moins pour le moment, de façon absolue. Il emprunte, en réalité, les éléments, à la fois, au système de l'unité juridictionnelle et à celui de la dualité juridictionnelle. Par conséquent, la spécialisation de la justice administrative au Tchad est partielle (...) »*. Pour la démonter et démontrer, ils s'appuient sur les textes en vigueur en matière de contentieux administratif, mais aussi sur la jurisprudence existante dans ce pays, non sans recourir au droit étranger, dans une perspective comparative, lorsque cela s'avère nécessaire, aux fins d'enrichissement et d'une meilleure compréhension de l'étude.

Aussi, dans une démarche simple, claire et cohérente, les auteurs démontrent que la spécialisation de la justice administrative est mitigée en ce que, si elle est ineffective sur le plan organique, elle est plutôt effective sur le plan fonctionnel.

Sur le plan organique, le Tchad a opté pour un ordre unique de juridiction, marquée par la présence des chambres administratives, spécialisées en contentieux administratif au sein des juridictions au départ uniquement judiciaires, qu'il s'agisse des juridictions d'Instance, d'Appel ou de Cassation. Aussi, le personnel, de ce qui tient lieu de juridictions administratives, est pour l'essentiel le même personnel que celui des juridictions judiciaires. Il ne connait pas une formation spécifique et séparée en droit et contentieux administratif. Les auteurs démontrent, voire démontent, brillamment, cette « inféodation » ou « absorption » organique de la justice administrative au Tchad à/par l'ordre judiciaire.

Cette inféodation/absorption déteint forcément sur l'efficacité de la justice administrative ainsi que sur l'essor et le sort du droit administratif au Tchad. On peut alors se féliciter qu'ils aient proposé des solutions qui apparaissent idoines pour améliorer la qualité de cette justice. Il s'agit, dans l'ensemble, des solutions inspirées des avancées du droit du contentieux administratif sous d'autres cieux, notamment en France et d'autres pays d'Afrique noire francophones. Sur le plan fonctionnel, le Tchad a opté pour la dualité de juridictions, telle que consacré et mis en œuvre en France. Ainsi, les litiges administratifs sont traités selon des règles de compétence et de procédure spéciales, distinctes de celles de l'ordre judiciaire. À ce sujet, les auteurs examinent et mettent en lumière l'étendue de la compétence du juge administratif, sans oublier de relever les limites de cette compétence. De nombreuses imprécisions ou lacunes ont pu être relevées et des pistes de solutions proposées. Ils ont également examiné la procédure administrative contentieuse en la rapprochant de celle de la justice judiciaire, pour en saisir les aspects spécifiques et originaux. S'agissant du déroulement de la procédure proprement dite, les auteurs examinent toutes les phases y relatives, qui vont de l'introduction de la demande aux voies de recours, en passant par l'instruction et le jugement.

En définitive, la maîtrise des textes juridiques et de la jurisprudence, la qualité de l'analyse qui en est faite, le souci permanent de précision dans la démonstration, la simplicité du style, la bonne connaissance du contentieux administratif d'autres pays, sont autant d'atouts des auteurs et de leur ouvrage, et qui donnent à ne pas être déçu à la lecture de celui-ci. Faire et faire voir, faire et faire savoir et partager. Telle peut être résumée cette œuvre commise par deux jeunes auteurs, **MM. NGUENA DJOUFACK Arsène Landry et VAMALAMOU Brahim,** qui ont tout « leur avenir devant eux », pour produire encore d'autres œuvres scientifiques, certainement captivantes, mieux, captivantes, certainement.

GUIMDO DONGMO Bernard-Raymond
Agrégé de Droit Public et de Science Politique
Professeur Titulaire des Universités
camerounaises et du CAMES
Université de Yaoundé II-Soa

SOMMAIRE

INTRODUCTION GÉNÉRALE

La soumission de l'administration au respect de la règle de droit passe, par la possibilité reconnue à l'administré, personne physique ou morale, lésée de disposer d'un recours au juge pour faire connaitre et rétablir son droit[1]. Certes, on assiste aujourd'hui à un développement des mécanismes non juridictionnels[2] de règlement des litiges administratifs, encore souvent dénommés modes alternatifs de résolution des litiges administratifs[3] ; mais le mécanisme juridictionnel reste un rempart particulièrement important de protection des droits des citoyens contre

---

[1] LAFERRIERE (E.), *Traité de la juridiction administrative et des recours contentieux*, 2 vol., 2e éd., Berger-Levrault, 1896, 675 p, réimprimé, 1989.

[2] De nombreux contrôles sont exercés par l'administration, en interne, de sa propre initiative, sans être nécessairement déclenchés à la suite d'un litige opposant l'administration à des administrés. Même lorsqu'un différend apparait, le règlement non contentieux des litiges tend à se développer de nos jours, la plupart des administrations ayant créé des services de médiation pour trouver des solutions de façon rapide, simple et pratique à ces malentendus ou désaccords. V. à ce sujet LOMBARD (M.) et DUMONT (G.), *Droit administratif,* 6e édition, Dalloz, 2005, p.323.

[3] CLAEYS (A.) et GIRARD (A.-L.) (dir.), *Les modes alternatifs de règlement des litiges en droit administratif,* 1ère édition, Faculté de droit et des sciences sociales de Poitiers, Actes et Colloques, 2018, 128 p.

l'administration[4]. L'administration hésite à commettre des illégalités dès lors qu'elle sait que son comportement peut être sanctionné en justice. Jean RIVERO affirme à ce titre que, *« la crainte du juge est le commencement de la sagesse »*[5].

Cette influence préventive de la justice sur l'action administrative constitue indéniablement une réalité favorable au renforcement de l'État de droit. C'est dans cet ordre d'idées que le Professeur Yves GAUDEMET relève que « l'État de droit signifie que l'administration dans ses interventions est tenue au respect de la règle de droit, comme les particuliers » et « la juridiction administrative est le produit de cette conviction ». Le Professeur KEUTCHA TCHAPNGA Célestin conclut dans le même sens que, « le contrôle de l'administration est le signe en même temps que la conséquence de l'État de droit ». Dès lors, l'État de droit implique que la liberté de décision des autorités étatiques, notamment, les autorités administratives, est encadrée par l'existence des normes juridiques, dont le respect est garanti par l'intervention des juges. Mais, de quel juge s'agit-il ?

Il existe, en général, deux (2) grands systèmes de solutions juridictionnelles des litiges mettant en cause l'administration. Dans le premier système, le même juge compétent pour juger les particuliers, l'est aussi, en principe, pour l'administration. Ainsi, les litiges mettant en cause l'administration relèvent également de la compétence du juge du droit commun. Il n'y a alors pas de distinction entre le contentieux de l'administration et le contentieux

---

[4] Sur ce point, il serait intéressant de se référer à la contribution de COULIBALEY (B.), « Le juge administratif, rempart de la protection des citoyens contre l'administration en Afrique noire francophone », *Revue électronique Afrilex*, 2013, pp. 1-35.

[5] RIVERO (J.), Cité par KEUTCHA TCHAPNGA (C.), *Précis du contentieux administratif au Cameroun: Aspect de l'évolution récente,* Paris, L'Harmattan, 2013, p. 24.

judiciaire. On évoque ici le principe du monisme juridictionnel ou de l'unité des contentieux, dominant dans les pays anglo-saxons. Dans le second système, en revanche, les litiges administratifs ne relèvent pas, en principe, de la compétence du juge de droit commun, mais de celle d'un juge distinct, appelé le juge administratif. La compétence de ce dernier est de principe et le juge judiciaire ne peut être appelé à intervenir que de façon exceptionnelle. Dans ce système, les juridictions administratives et judiciaires sont donc considérées comme séparées, autonomes et surtout spécialisées. Le contentieux administratif est alors distingué du contentieux judiciaire. On applique dans ce cas, le principe du dualisme juridictionnel ou de la dualité des contentieux, développé, notamment, en France et dont ont hérité dans une certaine mesure, par le biais de la colonisation, les États d'Afrique noire francophone, dont la République du Tchad. D'où cette réflexion sur la spécialisation de la justice administrative tchadienne. Celle-ci a un intérêt à la fois théorique et pratique.

Sur le plan théorique, il s'agit d'une contribution à l'étude du droit du contentieux administratif au Tchad, c'est-à-dire de l'ensemble des règles qui concourent à la solution juridictionnelle des litiges dont le règlement appartient aux juridictions administratives[6]. Il est vrai qu'il existe déjà quelques réflexions générales[7] ou parcellaires[8] sur la question du contentieux administratif au

---

[6] CHAPUS (R.), *Droit du contentieux administratif*, 13e édition, Paris, Montchrestien, 2008, p.7

[7] MOYRAND (Alain.) et DADI (Abderrahmane.), *La juridiction administrative au Tchad : du conseil du contentieux administratif à la chambre administrative et financière de la Cour d'appel de N'Djamena,* Travaux multiples du droit public, 1983, 360 pages.

[8] KARYO (C.), *L'étendue du pouvoir du juge administratif dans le contentieux de la légalité*, Mémoire de Master en Droit Public,

Tchad. Mais, ces travaux sont pour l'essentiel anciens et n'intègrent pas les évolutions récentes qu'a connues cette matière. À la vérité, on note dans ce domaine de recherche au Tchad, une rareté des travaux scientifiques, et plus précisément encore d'ouvrages publiés. La question de la spécialisation de la justice administrative n'a d'ailleurs pas souvent été abordée de façon particulière et profonde par la doctrine tchadienne. Pourtant, elle constitue une question essentielle pour la compréhension et le développement du droit et du contentieux administratif au Tchad. Ainsi, malgré la place non négligeable que l'on assignerait de plus en plus aux modes alternatifs dans la résolution des litiges administratifs en Afrique francophone[9], y compris au Tchad[10], la justice administrative garde toute son importance, et reste un sujet digne d'intérêt scientifique.

Sur le plan pratique, l'ouvrage présente un intérêt tant à l'égard des pouvoirs publics, qu'à l'égard des justiciables.

À l'égard des pouvoirs publics, cette réflexion intéresse à la fois, le législateur, l'administration et le juge. Le législateur aura à sa disposition un document, susceptible de l'aider dans l'amélioration de la justice administrative tchadienne, en ce qui concerne aussi bien son organisation que son fonctionnement. L'administration aura également à sa disposition un document lui permettant de saisir les limites qui s'imposent à son action et les pouvoirs dont

---

Université de Dschang, 2015-2016, p. 149 ; « Les entraves à l'efficacité de la justice administrative au Tchad » …*op.cit*. p. 16-24.

[9] NGANGO YOUMBI (E. M.), « Les modes alternatifs de résolution des litiges administratifs en Afrique francophone », *RIDC*, 2020-4, pp. 231-259.

[10] TCHIFALDEUH TAIDIBET, *Le règlement non juridictionnel des litiges nés des marchés publics au Tchad : cas du comité de règlement des différends de l'autorité de régulation des marchés publics,* Mémoire de Master en Droit et Pratique des Contentieux Administratifs, financier et Douanier, Université de Dschang, 2020-2021, p.160

dispose le juge pour la sanctionner. Enfin, le juge lui aussi pourra s'en servir, pour circonscrire l'étendue de ses pouvoirs, mais aussi pour apprécier la démarche qui est ou qui devrait être la sienne. Il tirera ainsi profit, notamment, de l'analyse qui sera faite des textes juridiques et de la jurisprudence.

À l'égard des justiciables, cet ouvrage pourra être un outil d'information et d'analyse, nécessaire pour le renforcement de la confiance entre ces derniers et le juge administratif. Ceux-ci devraient, en effet, se familiariser avec ce juge dont ils ont longtemps ignoré l'existence. C'est de la connaissance de ce juge que dépendra l'exercice concret par les justiciables de leur droit fondamental d'accès à justice administrative[11].

Pour mieux cerner cette étude, il s'impose au préalable de préciser les réalités qui entourent l'existence de la justice administrative au Tchad **(I)**, avant de s'appesantir sur les éléments de son identification qui permettent de saisir ses particularités **(II)**.

I –L'EXISTENCE DE LA JUSTICE ADMINISTRATIVE AU TCHAD

L'existence de la justice administrative au Tchad est le résultat d'une évolution dont l'origine est lointaine, et qui s'est souvent concrétisée par un ensemble de textes juridiques. Au-delà de cette dimension historico-juridique **(A),** cette justice fait face à un ensemble de pesanteurs

---

[11] GUIMDO DONGMO (B.-R.), « Le droit d'accès à la justice administrative au Cameroun : Contribution à l'étude d'un droit fondamental », *RRJ, Droit prospectif,* 2008, n°121, pp. 543-492, GARRIDO (L.), *Le droit d'accès au juge administratif. Enjeux, progrès et perspectives*, Thèse pour le doctorat en Droit, Université Montesquieu-Bordeaux IV, novembre 2005, 516 p.

politique et sociale **(B)** qui ne sont pas favorables à son essor.

A. La dimension historico-juridique

La question de la séparation des juridictions administratives et judiciaires trouve son origine en France. En effet, vers la fin du XVIII siècle, une interdiction est faite aux juridictions judiciaires de connaitre des actes administratifs. Cette interdiction trouve son fondement dans les lois de 16 et 24 août 1790[12] et du décret du 16 fructidor an III[13]. Dès lors, les litiges mettant en cause l'administration échappent aux tribunaux judiciaires. Pourtant, il faut un juge pour trancher ces litiges, sous peine de déni de justice. Cette volonté conduisit l'administration à juger ses propres litiges. C'est la théorie de l'« administrateur-juge » ou « ministre-juge ». Par la suite, la Constitution de l'an VIII (1799-1800) crée un Conseil d'État et la loi du 28 pluviôse an VIII les Conseils de préfectures. Ces institutions n'avaient des compétences que dans des domaines précis. C'est l'époque de la « justice retenue », qui ne met pas fin cependant à celle du « ministre-juge ». Mais plus tard, par une loi du 24 mai 1872, le Conseil d'État devient une véritable juridiction. De plus, par son arrêt Cadot[14], le Conseil d'État s'est reconnu

---

[12] Cette loi fixe le principe de séparation des fonctions administratives et judiciaires en interdisant formellement aux juges judiciaires de connaitre des actes administratifs. V. Art. 13 de la loi du 16 et 24 août 1790, portant organisation judiciaire en France disponible sur le site http// www.mafr.fr visité le 22 décembre 2018 à 20h 32 mn.

[13] Ce décret en son article unique réitère l'interdiction faite aux juges de connaitre les litiges administratifs et les juges qui refuseraient de se soumettre à ce principe sont passibles de sanction.

[14] L'arrêt Cadot consacre l'abandon de la théorie du « ministre-juge » au profit du Conseil d'État qui devient véritable juridiction de droit commun. Par cette décision, le Conseil d'État a affirmé qu'il était compétent pour connaitre de tout recours en annulation dirigé contre

comme juge administratif de droit commun. Plus tard, les décisions du Conseil Constitutionnel du 22 juillet 1980 et du 23 janvier 1987 ont accordé une valeur constitutionnelle à l'indépendance et à la compétence de la juridiction administrative. La révision constitutionnelle du 23 juillet 2008 vient confirmer cet ancrage constitutionnel.

Le Tchad, du fait de l'administration française à l'époque coloniale, a fait le choix de ce modèle de justice administrative distincte de la justice judiciaire. Le tout premier texte qui a été adopté sur la question du contentieux administratif était le décret du 16 octobre 1946, créant le Conseil du contentieux administratif. Cette juridiction qui siégeait à Brazzaville avait compétence sur l'ensemble du territoire de l'Afrique équatoriale française[15]. Elle était juge de droit commun du contentieux administratif, à l'exception du recours pour excès de pouvoir qui relevait de la compétence du Conseil d'État[16]. En devenant une République autonome en 1958 et par une ordonnance n° 18/INT/ du 27 mai 1959, le Tchad réorganise le contentieux administratif en supprimant le Conseil du contentieux administratif et en créant un tribunal administratif. Ce tribunal qui devrait connaitre de l'ensemble du contentieux

---

une décision administrative, sauf si un texte en dispose autrement de façon expresse. Jusqu'alors, le Conseil d'État n'était compétent pour connaitre d'un recours en annulation que dans la mesure où un texte l'avait prévu expressément. V. arrêt n°5, Cadot, 13 décembre 1889, *GAJA*, Dalloz, 19e édition, 2013, pp. 36-38.

[15] L'Afrique équatoriale française était un gouvernement général regroupant au sein d'une même fédération quatre colonies françaises d'Afrique centrale entre 1910 et 1958. Elle réunissait l'actuel Tchad, le Gabon, le Congo Brazzaville et la Centrafrique. Sa superficie était de 2 500 000 kilomètres carrés.

[16] Le Conseil d'État Français était exclusivement compétent pour tous les recours pour excès de pouvoir exercés contre les actes des autorités administratives.

administratif sur le territoire tchadien[17] n'a malheureusement jamais fonctionné, car, la décision de nomination de ses membres n'avait jamais été prise. Il sera supprimé par l'ordonnance n° 6-67 du 21 mars 1967, créant la chambre administrative de la Cour d'appel. Celle-ci devient l'unique juridiction statuant en matière de contentieux administratif sur l'ensemble du territoire tchadien.

En 1996, la nouvelle Constitution prévoit une Cour suprême au sommet d'un ordre unique de juridiction[18]. De plus, la loi n°004/PR/98, portant organisation judiciaire prévoit que, les *« (...) Tribunaux de première instance, les Cours d'appel et la Cour suprême connaissent de toutes affaires civiles (...) administratives »*[19]. C'est ainsi que la loi n°006/PR/98, vient compléter la précédente loi et fixe l'organisation et le fonctionnement de la Cour suprême. Ainsi, seule la chambre administrative de la Cour suprême officiait comme juridiction administrative au Tchad, car les textes qui devraient organiser les chambres administratives des autres juridictions n'ont pas été adoptés. Ce n'est qu'en 2013 que le législateur tchadien vient combler ce vide, par la loi n° 12/PR/2013, fixant l'organisation et le fonctionnement des juridictions statuant en matière de contentieux administratif. Mais, il faut souligner que toutes les chambres administratives prévues par cette loi ne sont pas encore effectives.

En 2014, la Cour suprême subit un réaménagement par l'ordonnance n°016/PR/2014. La chambre administrative de la Cour Suprême est devenue le juge de cassation des

[17] V. Art. 01 de l'ordonnance n° 18/INT/ du 27 mai 1959, portant création d'un tribunal administratif au Tchad.

[18] V. Art. 143 de la Constitution tchadienne du 31 mars de 1996.

[19] V. Art. 1 de la loi n°004/PR/98 portant organisation judiciaire au Tchad.

décisions rendues par les juridictions inférieures[20]. Mais exceptionnellement, elle peut connaitre d'autres affaires en premier et dernier ressort.

En 2018, avec la Constitution de la IVe République[21], la loi n°016/PR/2014 est abrogée par l'ordonnance n°015/PR/2018, portant attribution, organisation, fonctionnement et règles de procédure devant la Cour suprême. L'on peut constater de ce réaménagement que la Cour suprême est non seulement la juridiction suprême en matière judiciaire, administrative et des comptes, mais également une juridiction constitutionnelle et de haute trahison[22]. Cette constitution fut révisée en décembre 2020, apportant comme nouveauté l'institutionnalisation de la Cour des comptes autonome des autres juridictions. En début de l'année 2021, une ordonnance portant attribution, organisation, fonctionnement et règles de procédure devant la Cour suprême a été prise. En avril 2021, à la suite du décès du Président de la République, la toute dernière Constitution révisée en 2020 a été abrogée par un groupe militaire et remplacée par une Charte de transition. Ce qui parait curieux dans tout cela, c'est que cette nouvelle Charte de transition, texte fondamental devant régir le Tchad jusqu'à l'adoption d'une nouvelle Constitution, ne fait aucune mention de la justice administrative. La confusion est très grande avec la multiplicité des textes pris en ce début de l'année 2021. L'observateur averti ne peut que s'interroger sur l'avenir de l'appareil judiciaire en général et de la justice administrative en particulier, dans cet imbroglio juridique. À cette réalité, il faut ajouter les pesanteurs politique et sociale.

---

[20] C'est-à-dire les chambres administratives des Tribunaux de grande instance et des Cours d'appel.

[21] Il s'agit de la Constitution du 04 mai 2018

[22] V. Art. 157 de la Constitution de 2018

B. Les pesanteurs politique et sociale

Sur le plan politique, au Tchad, plusieurs évènements ont retardé et continuent de retarder l'émergence de l'État de droit en général et de la justice administrative en particulier. En effet, dans l'histoire politique du Tchad, les périodes d'instabilité qui ont duré plus d'un demi-siècle n'ont pas pu permettre d'asseoir une justice administrative qui réponde aux attentes des Tchadiens. La période des régimes dictatoriaux[23], marqués par la monopolisation du pouvoir qui a sévi au Tchad pendant longtemps n'a favorisé que l'anarchie dans les institutions de la République. Mais à partir des années 1990, de nouvelles réformes ont vu le jour. Une nouvelle Constitution est alors mise sur pied en 1996 avec la création de nouvelles institutions et la réforme de celles existantes pour mieux répondre aux exigences de la démocratie et de l'État de droit. Pensant que les instabilités politico-militaires étaient un vieux souvenir, l'histoire a récemment rattrapé les Tchadiens avec l'assassinat du Président de la République Idriss Deby Itno par un groupe rebelle introduit par le nord du Tchad, en avril 2021. Une fois de plus le Tchad retombe dans l'instabilité conduisant à une anarchie traduite par l'abrogation des textes fondamentaux, la dissolution de l'Assemblée nationale et bien d'autres conséquences dommageables. Sachant bien que toute institution, à plus forte raison celle de la justice, ne peut valablement mener à bien sa fonction que dans un climat de paix, le contexte politique tchadien actuel est inquiétant. Cette situation politico-militaire que vit le Tchad depuis longtemps ne

---

[23] Dès son indépendance en 1960 sous le régime de son premier Président NGARTA TOMBALBAYE, il n'existait qu'un seul parti politique notamment le Parti Progressiste Tchadien (PPT), parti au pouvoir. Plusieurs régimes se sont succédé jusqu'à l'avènement de la démocratie en 1990, avec la création du multipartisme.

donne pas à la justice administrative une place d'honneur dans la tribune ; et cela est dû également à plusieurs autres raisons, notamment sociales.

Sur le plan social, c'est dans l'intérêt de préserver la paix du groupe social que la nécessité d'une justice est apparue. En effet, il est de l'intérêt de la société que les contestations relatives à une question de droit soient tranchées par un juge offrant les garanties de capacité et d'impartialité[24]. La justice assure ainsi le maintien de l'ordre public en évitant les désordres pouvant naitre des litiges non résolus. C'est au regard de tout cela que, l'on peut dire que l'existence de la justice administrative au Tchad constitue un moyen de défense des citoyens contre l'administration. Malheureusement, le tchadien ne s'est pas encore assez familiarisé avec le juge judiciaire, à plus forte raison le juge administratif. Il y a une sorte de mystère qui semble entourer le juge, car le paysan de Rawna[25] par exemple, ne se retrouve pas dans le langage qu'emploie le juge qui se trouve à plusieurs kilomètres de chez lui. Ce dernier trouve d'ailleurs assez distrayant que des hommes portent des robes noires au lieu d'être plutôt aux champs comme lui. L'on comprend donc aisément qu'avec un taux d'analphabétisme de 78 %, dont 89 % des femmes[26] et en raison des vices qui entourent ces juridictions, le tchadien s'intéresse très peu aux actes que l'administration prend, et se dit souvent que c'est une perte de temps de saisir un juge pour condamner « *hakouma* »[27], qui est tout puissant. Il

---

24 AUBY (J-M.) et DRAGO (R.), *Traité de contentieux administratif*, 3e édition, Paris, LGDJ, Tome 1er, 1984, p.14.

25 Village se trouvant dans la province de Mayo kebbi-est, département de Mayo boney au Tchad.

26 https://www.alwihdainfo.com/Tchad-un-taux-d-analphabetisme-de-78-dont-89-chez-les-femmes_a93481.html, visité le 24 juin 2021 à 14h 55 mn.

27 Terme très employé en arabe Tchadien pour désigner l'État et ses démembrements. Les autorités administratives tchadiennes n'hésitent

n'est même pas souvent au courant des textes existants en la matière. Par conséquent, il serait incapable d'identifier la justice administrative.

II. L'IDENTIFICATION DE LA JUSTICE ADMINISTRATIVE AU TCHAD

Pour connaitre la justice administrative en général, et celle du Tchad en particulier, il est important de déterminer les éléments qui permettent de la caractériser. L'identification de la justice administrative permet alors de saisir sa véritable nature. Ainsi, la justice administrative n'est pas seulement une justice **(A)**, elle se veut une justice spécialisée **(B).**

A. La justice administrative comme justice

Pour comprendre en quoi la justice administrative tchadienne est une justice, il est au préalable, nécessaire de savoir à quoi renvoie cette dernière.

Hans KELSEN, juriste autrichien (1881-1973), dans son essai publié en 1953 (***Qu'est-ce que la justice ?***) s'interrogeait déjà sur le sens à donner à la justice. Considérant la justice comme *« l'éternelle question de l'humanité »*[28], l'auteur, tout au long de son ouvrage, n'a pu lui trouver une définition exacte. Pour lui, déterminer l'essence de la justice, c'est déterminer de manière préjudicielle ce qu'elle n'est pas. Aujourd'hui encore, la justice reste en débat[29]. Il faut dire que le terme justice fait

---

pas, elles aussi, à employer ce terme qui est connu de presque tous les Tchadiens.

28 KELSEN (H.), *Qu'est-ce que la justice ?*, Genève, Markus Haller, 2012, p. 29.

29 Lire la remarquable analyse de RENOUX (T.) « La justice dans le débat démocratique - L'autorité judiciaire, Un service public ? » in *Les Cahiers de la justice*, Dalloz, 2017, p. 331.

l'objet de diverses interprétations, tant de la part des philosophes que de la part des juristes. En faisant une synthèse des différentes conceptions, l'on peut l'appréhender à la fois comme un idéal[30], comme une norme[31] et enfin comme une institution. C'est cette dernière conception de la justice, comme institution, qui est privilégiée dans le présent ouvrage.

Étymologiquement, le mot justice vient du latin *jus*, qui signifie « droit ». Juger ou *judicare*, c'est, « dire le droit », *jus di-care*. La justice est appréhendée comme *« une institution composée de l'ensemble des organes chargés d'exercer la fonction de juger (...) »*[32]. Il s'agit donc, des institutions juridictionnelles d'un pays[33], des tribunaux et des magistrats chargés d'appliquer le droit[34], ou plus

---

[30] La justice comme idéal est purement une notion philosophique. Dans ce sens, la justice désigne ce qu'un homme s'estime légitimement en droit de faire par sa raison ou sa conscience individuelle. La première trace d'une réflexion sur la justice se trouve chez le philosophe HERACLITE qui affirma au Vème siècle avant Jésus christ que « s'il n'y avait pas d'injustice, on ignorerait jusqu'au nom de la justice ». On rappellera aussi ARISTOTE, qui dans son ouvrage, éthique à Nicomaque, propose trois sortes de justice (distributive, commutative et répressive), mais également PLATON, KANT, BENTHAM et RAWLS qui ont à leur tour suggéré différents critères d'appréciation de cette notion fuyante.

[31] Perçue comme norme, la justice devient une réalité pratique et non plus philosophique dans la Rome antique par l'apparition d'une norme, le droit. La justice est ici appréhendée comme une conformité à la norme. C'est dans ce sens qu'une distinction est opérée entre justice légale et justice naturelle. La justice naturelle étant la justice existante préalablement aux lois écrites, le cas échéant supérieures à elles ; alors que la justice légale est la justice telle qu'elle est définie par les lois existantes. Tout comportement qui dévie la norme voit son auteur sanctionné sur la base d'un règlement matérialisé par les textes.

[32] LOCHAK (D.), *La justice administrative*, Montchrestien, collection « clefs-Politique », 3e éd. 1998, p.7.

[33] GUINCHARD (S.) et MONTAGNIER (G.), *Lexique des termes juridiques,* 14e éd., Paris, Dalloz, 2003, p.34.

[34] Dictionnaire *LAROUSSE*, 2001, p. 236.

précisément *« de régler les différends par la voie de jugements, au terme d'une procédure donnée »*[35]. Mais, il ne s'agit là davantage que de sa définition au sens organique. Sur le plan fonctionnel, elle est l'activité qui a pour but de *« trancher les litiges sur la base du droit (...) statuer sur les contestations juridiques qui naissent de la vie en société »*[36].

Au-delà de cette définition générale, la conception de la justice varie en fonction de son domaine. C'est ainsi qu'on distingue, par exemple, la justice judiciaire de celle administrative. Alors que la justice judiciaire renvoie, notamment, aux juridictions civiles[37] et pénales[38] chargées, en principe, de trancher les litiges entre les particuliers[39], la justice administrative concerne les juridictions spéciales, dites administratives, instituées pour connaitre des litiges administratifs.

Si la justice administrative est une réalité ancienne[40], l'expression *« justice administrative »* n'est devenue

---

[35] GUIMDO DONGMO (B.-R.), « Le droit d'accès à la justice administrative… », *op.cit., p. 457.*

[36] *Ibid.*

[37] Les juridictions civiles sont chargées de trancher les litiges dans les affaires civiles, c'est-à-dire qu'elles n'infligent pas des peines de prison ou d'amende, mais peuvent décider des mesures comme une indemnisation financière. V. à ce titre GARNOT (B.), *Histoire de La Justice France, XVIe-XXIe Siècle.* Paris : Gallimard, 2009, Collection Folio Histoire, 173 p.

[38] Par opposition aux juridictions civiles, celles-ci sont chargées d'infliger des sanctions qui sont des peines d'emprisonnement ou d'amendes aux personnes, physiques ou morales ayant commis une infraction.

[39] Il s'agit là de la juridiction judiciaire proprement dite.

[40] ODENT (B) et TRUCHET (D), *La justice administrative*, PUF, collection, « Que sais-je », 2004, p.3

officielle que depuis quelques décennies[41]. En l'absence d'une définition textuelle[42], l'on est obligé de se tourner du côté de la doctrine pour lui donner un contenu. Comme la définition de la justice, elle-même, celle de la justice administrative revêt à la fois la dimension organique et la dimension fonctionnelle.

Pour Gérard CORNU, la justice administrative se définit comme l' *« ensemble des juridictions administratives »*[43]. Les auteurs comme George VEDEL et Pierre DELVOLVE vont dans le même sens pour définir la justice administrative, même s'ils préfèrent le terme juge administratif[44] pour désigner cette dernière. Pour ces auteurs, *« le juge administratif est l'ensemble des juridictions administratives »*[45]. Ces deux définitions prennent en compte la dimension organique de la justice administrative, qu'elles considèrent comme les organes chargés de trancher les litiges administratifs.

Cette approche ignore la dimension fonctionnelle de la justice administrative qui est tout aussi importante. Prenant en compte cette dimension, Bruno ODENT et Didier TRUCHET désignent la justice administrative à la fois

---

[41] Cette expression est apparue dans le vocabulaire législatif pour la première fois en France avec l'ordonnance du 04 mai 2000 portant Code de Justice administrative (CJA).

[42] Aucun texte officiel ne donne une définition de la justice administrative au Tchad depuis l'indépendance.

[43] CORNU (G.), *Dictionnaire de vocabulaire juridique,* Association Henry Capitant, Paris, Quadrige, PUF, 2011, p. 590.

[44] Le concept de juge administratif, polysémique, désigne tantôt un membre de la juridiction administrative, tantôt une juridiction administrative ou la justice administrative, tantôt encore la mission du juge. Mais dans ce contexte, le terme juge administratif est pris comme synonyme de la justice administrative. V. la définition du mot « juge » donnée par GUINCHARD (S.) et DEBARD (T.), *Lexique des termes juridiques*, 20e édition, p. 523.

[45] VEDEL (G.) et DELVOLVE (P.), *Droit administratif*, Paris, PUF, Tome 2, 1992, p. 19.

comme *« une activité qui consiste à régler le contentieux administratif, c'est-à-dire les procès qui opposent l'administration aux administrés »* et *« l'ensemble des juridictions qui exercent cette activité »*[46]. Dans le même sens, Danièle LOCHAK[47] la définit comme *« un sous-ensemble de la justice : caractérisée par sa fonction spécifique – juger les litiges mettant en cause l'activité de l'administration – et confiée à des organes spécifiques »*[48].

On peut donc conclure avec le Professeur GUIMDO DONGMO que :

- Sur le plan organique, *« La justice administrative est l'ensemble des institutions non exécutives et non législatives dont la mission est de trancher les litiges administratifs au regard du droit existant »*[49] ;
- sur le plan fonctionnel, *« c'est l'activité qui consiste à dire le droit à l'occasion d'un litige de nature administrative qui oppose une personne publique à une personne publique; une personne publique à une ou des personnes privées ; une personne publique à une personne physique ou deux personnes non publique, morale ou physique si l'une d'entre elles assure une mission de service public ou détient des prérogatives de puissance publique »*[50].

---

[46] ODENT (B) et TRUCHET (D), *La justice administrative*, *op.cit.*, p.3.

[47] Danièle LOCHAK est une juriste française, Professeur émérite de droit public à l'Université Paris-Nanterre et militante associative de la défense des droits de l'Homme. Elle est l'auteure de plusieurs ouvrages de droit public.

[48] *Ibidem*

[49] GUIMDO DONGMO (B-R.), *Cours polycopié de droit du contentieux administratif*, Licence 3 Droit et Sciences politiques, Université de Dschang, 2018-2019, *inédit*, p. 14.

[50] *Ibidem*.

Au Tchad, la justice administrative existe aussi bien au sens organique qu'au sens fonctionnel. Au sens organique, il existe un ensemble de juridictions administratives instituées pour connaitre des litiges administratifs. Au sens fonctionnel, il existe également une activité qui consiste à trancher les litiges administratifs. C'est d'ailleurs sur la base de ces éléments organique et fonctionnel que s'appréciera la spécialisation de la justice administrative tchadienne.

B. La justice administrative comme justice spécialisée

Le mot spécialisation vient du verbe « spécialiser », qui signifie, *« Rendre quelqu'un compétent dans un domaine, apte à un métier, à un travail spécial »*[51]. C'est aussi, le fait de *« restreindre les domaines d'action d'une activité, d'une entreprise tout en les rendant plus performantes dans la voie choisie »*. De cette façon, l'on comprendra qu'affecter une institution à une fonction, à un usage spécial, c'est circonscrire la compétence de cette institution dans un domaine précis dans l'optique de la rendre performante. Par exemple, les juridictions judiciaires sont spécialisées dans le règlement des litiges entre particuliers, alors que les juridictions administratives le sont dans le règlement des litiges mettant en cause l'administration.

À la vérité, dans les systèmes de pluralité des ordres juridictionnels, la spécialisation de la justice implique que chaque juridiction dispose de ses modalités d'organisation et de fonctionnement qui la distingue des autres juridictions. La base même de cette spécialisation se trouve au niveau du droit applicable par chacune des juridictions. Il est clairement établi que les juridictions judiciaires font application du droit privé alors que les juridictions administratives font application d'un droit spécial, qui est

---

[51] Dictionnaire de français Le petit *LAROUSSE*, 2010.

le droit administratif. Le Tribunal des conflits français notamment dans le célèbre arrêt du 8 février 1973 (arrêt Blanco) affirmait, en ce sens, que *« la responsabilité qui peut incomber à l'État pour les dommages causés aux particuliers par le fait des personnes qu'il emploie dans le service public ne peut être régie par les principes qui sont établis dans le Code civil pour les rapports de particulier à particulier ; (...) elle a ses règles spéciales qui varient suivant les besoins du service et la nécessité de concilier les droits de l'État avec les droits privés ».*

Au-delà de ce droit spécial, de façon plus concrète, dans un système complet de dualité ou de pluralité des ordres juridictionnels, la spécialisation de la justice administrative repose sur un ensemble de piliers qui concernent à la fois la dimension organique et la dimension fonctionnelle de cette justice. Il s'agit de :

- La spécialisation des structures juridictionnelles. Les juridictions administratives disposent de leurs structures propres, distinctes de celles des juridictions judiciaires ;
- La spécialisation du personnel. Les juridictions administratives ont leur personnel propre, distinct de celui en service dans les juridictions judiciaires ;
- La spécialisation des compétences. Les juridictions administratives ont leurs domaines de compétences propres, distincts de ceux des juridictions judiciaires.
- La spécialisation de la procédure contentieuse. La procédure applicable devant les juridictions administratives est particulière et distincte de celle applicable devant les juridictions judiciaires.

C'est, en effet, à partir de ces éléments que peut être évaluée, la spécialisation de la justice administrative au Tchad. Peut-on alors dire que tous les piliers de la spécialisation de la justice administrative, ci-dessus évoqués, ont été pris en compte au Tchad ? De façon plus précise, il est question de s'interroger sur l'effectivité de la spécialisation de la justice administrative au Tchad.

En réponse à cette préoccupation, il faut noter que, bien qu'ayant fait le choix du dualisme ou même du pluralisme juridictionnel qui implique une spécialisation de la justice administrative, le Tchad ne l'applique pas, du moins pour le moment, de façon absolue. Il emprunte, en réalité, les éléments, à la fois, au système de l'unité juridictionnelle et à celui de la dualité juridictionnelle. Par conséquent, la spécialisation de la justice administrative au Tchad est mitigée.

L'hypothèse ainsi avancée ne peut être soutenue et vérifiée que si l'on adopte un certain nombre de méthodes et techniques de recherche.

S'agissant des méthodes de recherche, l'on a fait usage, principalement, de la méthode juridique. Mais celle-ci a été complétée par d'autres méthodes, notamment, le recours au droit étranger et l'approche historique.

La méthode juridique se décline en deux (2) composantes principales que sont, d'une part, la dogmatique ou l'exégèse et, d'autre part, la casuistique. La première est le domaine de la science consacré à l'interprétation et à la systématisation des normes juridiques. Elle a consisté à analyser et comprendre les textes juridiques applicables en matière de contentieux administratif. La seconde est, l'étude des décisions de justice qui ont été rendues dans une matière donnée et qui peuvent servir comme des bases d'analyse. Elle a donc permis l'examen de la jurisprudence mobilisée en matière administrative.

Le recours au droit étranger, quant à lui, consiste à faire une incursion dans le droit des pays qui ont, sur la question traitée, une certaine affinité avec le Tchad. Le recours au droit étranger permet, en effet, de faire du droit comparé. Il aide le chercheur à avoir une connaissance plus générale sur son domaine d'étude. C'est dans cette optique que Roland DRAGO affirme que, *« tout juriste est et doit être un comparatiste »*[52], car il y gagne *« une faculté d'approfondissement des notions fondamentales et une certaine modestie à l'égard de son droit »*[53]. Ainsi, compte tenu de l'histoire institutionnelle qui lie le Tchad à la France et la proximité du Tchad avec d'autres pays comme le Cameroun, Gabon, etc., l'on a fait dans le cadre de la présente étude recours de temps en temps au droit de ces différents pays. Cette démarche a nécessairement aidé à mieux illustrer certains développements.

Enfin, l'approche historique a permis de saisir la genèse et l'évolution de la justice administrative tchadienne. Elle a ainsi conduit à s'intéresser aux mutations qu'a subies cette justice au fil du temps. Cette connaissance historique apparait utile pour se projeter dans l'avenir de la justice administrative au Tchad.

En ce qui concerne les techniques de recherche, l'on a fait recours à la technique documentaire qui a consisté en l'exploitation d'un ensemble de documents intéressant le sujet traité. C'est ainsi qu'au-delà des textes juridiques applicables en matière de contentieux administratif, l'on s'est appuyé sur divers autres travaux scientifiques. Il s'agit, notamment, des ouvrages, des thèses, des mémoires, des articles, portant sur la question de la justice administrative, non seulement, au Tchad, mais aussi et surtout dans d'autres pays.

À côté de la technique documentaire, l'on a également fait recours à la technique d'entretien, dans la perspective d'une meilleure compréhension du fonctionnement de la justice administrative tchadienne. Des échanges ont ainsi eu

---

[52] DRAGO (R.), *Droit comparé*, In Denis ALLAND, RIALS, Stéphane, Dictionnaire de la culture juridique, Paris, *PUF*, 2003, p.456.
[53] *Ibidem.*

lieu avec divers acteurs, notamment, les magistrats, les greffiers, les commissaires de gouvernement et même les spécialistes du droit administratif. Ces échanges ont permis d'obtenir des informations utiles pour asseoir certains développements.

C'est cette démarche méthodologique qui permet de conclure que la spécialisation de la justice administrative au Tchad est, d'une part, ineffective, sur le plan organique (**1re PARTIE**) et, d'autre part, effective, sur le plan fonctionnel (**2de PARTIE**).

PREMIÈRE PARTIE : UNE SPÉCIALISATION INEFFECTIVE SUR LE PLAN ORGANIQUE

Tout État qui se veut démocratique et respectueux du droit dispose d'un système juridictionnel de contrôle de l'administration. Il reste cependant que les systèmes juridictionnels varient d'un pays à un autre. Dans le système de dualité de juridictions tel que développé par la France, il existe des juridictions administratives indépendantes au même titre que les juridictions judiciaires. La dualité d'ordre de juridiction en France se justifie par la consécration des juridictions organiquement et fonctionnellement indépendantes les unes des autres. D'une part, la justice administrative appartenant à un ordre, ayant le Conseil d'État à son sommet ; et d'autre part, la justice judiciaire à un autre ordre ayant à son sommet la Cour de cassation. À l'opposé de ce système dit de dualité voire de pluralité d'ordre de juridictions se trouve le système propre aux pays anglo-saxons, dans lequel une seule et même juridiction est chargée de trancher tous les litiges pouvant naitre, peu importe les parties en cause.

En Afrique, après les indépendances, bon nombre de pays d'expression française ont opté pour la dualité de contentieux. C'est-à-dire, l'existence d'un juge administratif qui est chargé de trancher les litiges auxquels l'administration est partie. Mais à la vérité, très peu de pays ont reproduit typiquement le « modèle français ». Certains pays connaissent une juridiction supérieure distincte, mais des tribunaux communs en première instance ou en appel[54]. D'autres pays ont, en revanche, fait le choix de l'unité organique à dualité fonctionnelle[55]. Ce système qui est proche du modèle français a été adopté par de nombreux pays africains d'expression française, au lendemain des indépendances[56]. Il se traduit par l'existence des chambres administratives spécialisées en contentieux administratif au sein d'un ordre unique de juridiction. Certes, le but n'est pas forcément de faire le « copier-coller » du système français de dualité d'ordre des juridictions. Mais il était question pour beaucoup de pays de s'inspirer du modèle français, mais en le réadaptant à leur propre contexte. Le Tchad fait partie des pays qui ont choisi le monisme organique et dualisme fonctionnel. Donc à défaut d'avoir deux ordres de juridictions distinctes comme en France, le Tchad trouve une alternative en ayant un ordre unique de juridiction marquée par la présence des chambres administratives spécialisées en contentieux administratif, à l'intérieur de chaque juridiction qui semblait au départ être

---

[54] V. le système juridictionnel sénégalais issu de la loi n°92-22 du 30 mai 1992, portant révision de la Constitution Sénégalaise. Lire SY (D.), *Droit administratif Sénégalais*, Crédila, 2009, p. 68 ; V. aussi, MBODJ (E.), « Les incidences de la réforme judiciaire du 30 Mai 1992 sur le contentieux administratif », *EDJA*, n°20, pp. 2-5.

[55] C'est l'exemple du Tchad depuis 1967. Pour plus de détails sur les différents modèles de justice administrative en Afrique après les indépendances, voir SY (D.) et ALIOUNE BADARA (F.), *La justice administrative en Afrique, deuxième rencontre de Dakar*. Toulouse : Presses de l'Université Toulouse 1 Capitole, 2017. Print. pp. 16 et s.

[56] V. à ce propos JOUHAUD (Y.) « L'évolution du contentieux en Afrique noire », *Pénant,* 1961, p. 31 ; LAMPUE (P.), « La justice administrative dans les États d'Afrique francophone », *RJPIC*, 1961, p. 7.

uniquement judiciaire. En effet, le système tchadien n'institue pas une juridiction administrative organiquement distincte de la juridiction judiciaire. C'est en quelque sorte une absence de spécialisation de la justice administrative sur le plan organique.

Il s'agit concrètement de l'absence d'une autonomie structurelle des juridictions administratives **(CHAPITRE 1),** mais également de l'absence d'une spécialisation du personnel qui siège dans lesdites juridictions **(CHAPITRE 2).**

CHAPITRE 1 : L'ABSENCE D'AUTONOMIE STRUCTURELLE DES JURIDICTIONS ADMINISTRATIVES

Le choix du monisme organique à dualité fonctionnelle a influencé beaucoup de pays d'Afrique noire francophones après les indépendances. Ces États africains devaient choisir soit de mettre en place de véritables ordres de juridictions comprenant des juridictions judiciaires et administratives, soit d'abandonner le système mis en place par l'ex-colonisateur et créer ainsi un système qui était mieux adapté aux réalités d'entre temps. Il faut le reconnaitre, évidemment, le contexte n'était pas favorable à l'épanouissement de ces nouvelles juridictions à l'époque. Comme le faisait remarquer le doyen Alain BOCKEL, lorsqu'il écrivit l'avant-propos de l'acte du second colloque sur le droit administratif en Afrique, *« il fallut attendre la fin des années 1980, avec l'avènement de la transition démocratique, pour assister à un renouveau »*[57]. Ainsi chaque pays, trouvait l'alternative qui correspondait à ses propres réalités.

Au lendemain de l'indépendance, le Tchad a préféré ne pas remettre en cause le système de dualité d'ordre de juridictions mis sur pied par la France. C'est ce qui

---

[57] SY (D.) et ALIOUNE BADARA (F.), *La Justice administrative En Afrique, Deuxième Rencontre De Dakar*. Op.cit. p. 16

s'explique par l'existence d'un contentieux administratif autonome relevant de la compétence du tribunal administratif. Mais la dualité d'ordre de juridictions a été rapidement remise en cause au Tchad par la suppression du tribunal administratif qui est remplacé par une Cour d'appel unique[58]. L'on pouvait comprendre un tel recul, car il n'y avait pas un personnel suffisant notamment qualitativement et le pays était économiquement très faible. Ainsi, la seule Cour d'appel de N'Djamena était compétente en matière judiciaire, administrative et des comptes. D'ailleurs à cette époque, le contentieux administratif tchadien était quasi inexistant. Mais à partir des années 1990, période au cours de laquelle le mouvement démocratique a été de nouveau impulsé, les juridictions administratives ont connu de nouvelles réformes. Dès lors, le Tchad a choisi un système dans lequel les juridictions partagent un seul ordre, ayant à leur sommet une Cour suprême comprenant plusieurs chambres. Cette option, pour un ordre unique de juridictions partagé entre les juridictions judiciaires et administratives, ne donne pas une réelle autonomie à la justice administrative. Ce qui traduit une dépendance de la justice administrative vis-à-vis de son homologue judiciaire. L'inexistence d'un cadre structurel propre à la justice administrative **(Section 1)** n'est toutefois pas une situation irréversible **(Section 2).**

I. SECTION 1 : L'INEXISTENCE D'UN CADRE STRUCTUREL PROPRE AUX JURIDICTIONS ADMINISTRATIVES

Comme l'on a fait remarquer précédemment, l'identification de la justice administrative permet de saisir sa véritable nature. D'une manière générale, cette identification est souvent l'œuvre de la constitution et dans

[58] V. l'ordonnance n°6-67 du 21 Mars 1967, précitée.

une certaine mesure, les lois. Mais il est assez curieux de remarquer, que les constitutions tchadiennes depuis les indépendances n'identifient pas de façon précise, les juridictions administratives. C'est le cas par exemple de la Constitution de 1996, mais aussi la dernière de 2018 révisée en 2020, avant qu'elle ne soit remplacée par la charte de transition du Conseil Militaire de Transition. Par exemple, dans la constitution de 2020, les juridictions administratives inférieures[59] ne sont pas explicitement identifiées. Cette dernière se borne simplement d'énoncer de manière très laconique qu'*« il est institué un seul ordre de juridiction »*[60], et que *« la Cour suprême est la plus haute juridiction en matière judiciaire, administrative et constitutionnelle »*[61]. Quant à l'actuelle Charte de transition en vigueur, elle ne fait aucune précision sur la justice administrative. L'on s'interroge même de savoir si cette omission n'est pas volontaire et présage du sombre destin qui pourrait être celui de la justice administrative tchadienne[62] ?

Les textes fondamentaux, n'ayant pas pu faire une nette identification de la juridiction administrative, il en résulte que le soin a été laissé au législateur de le faire. Ainsi, c'est en se référant à des textes à valeur législative qu'une identification claire est faite. C'est le cas avec l'article 1 de la loi n° 012/PR/2013, portant organisation et fonctionnement des tribunaux statuant en matière de contentieux administratif qui précise que : *« les juridictions chargées du contentieux administratif sont : la chambre administrative de la Cour suprême ; les chambres*

---

[59] Il s'agit ici des chambres administratives des tribunaux de première instance et les Cours d'appel.

[60] Article 158 de la Constitution Tchadienne de 2020.

[61] Article 168 de la Constitution Tchadienne de 2020.

[62] Il est notamment intéressant de s'interroger sur la question de cette omission qui risque de perdurer, car la charte mise en place depuis avril 2021 pour une durée d'un an et six mois est renouvelable une fois.

administratives des cours d'appel ; et les chambres administratives des tribunaux de première instance ». Une telle précision confirme le choix de l'unicité organique à dualité fonctionnelle telle que soulignée plus haut.

En somme, il y a une inféodation des juridictions administratives aux juridictions judiciaires **(Paragraphe 1)**, entrainant des conséquences dans le bon fonctionnement de la justice administrative **(Paragraphe 2).**

Paragraphe 1 : L'inféodation structurelle des juridictions administratives aux juridictions judiciaires

La force d'un système juridique tient d'abord à son enracinement politique en ce sens que toute organisation est le produit de son histoire[63]. L'indépendance de la justice administrative en France est le produit d'une longue histoire, une transformation subie au fil du temps. Mais la dépendance de la juridiction administrative vis-à-vis du versant judiciaire au Tchad est moins le produit d'une histoire que le résultat d'un choix opéré par l'État. Ainsi, seront envisagées d'une part, l'inféodation des juridictions administratives inférieures aux juridictions judiciaires(A) et d'autre part, l'inféodation de la juridiction administrative suprême à la juridiction judiciaire de la Cour suprême (B).

A. L'inféodation des juridictions administratives inférieures aux juridictions judiciaires

Sont regroupées sous le vocable des juridictions inférieures, les juridictions subordonnées à la Cour suprême. Il s'agit des juridictions administratives de première instance que sont les chambres administratives

[63] GOHIN (O.), *Contentieux Administratif*, 8e Édition, Paris, LexisNexis, 2014, pp.57-87

des Tribunaux de Grande Instance (TGI) et les juridictions de seconde instance que sont les chambres administratives des Cours d'appel.

Les juridictions administratives de première instance ne sont que des chambres qui sont créées au sein de chaque Tribunal de Grande Instance. Selon le décret n°1010/PR/PM/MJDH/2014, portant création des juridictions et fixant leur ressort territorial, il existe un Tribunal de Grande Instance par département[64]. Ce décret crée soixante (60) TGI, l'on estimera qu'au regard de la loi n°012/PR/2013 en son article 1 précité, il y aura au moins dans chaque TGI une chambre administrative de première instance. En ce qui concerne les Cours d'appel, il en existe aujourd'hui neuf (9) au Tchad[65]. Chaque Cour d'appel dispose d'une chambre administrative d'appel qui doit connaitre en appel les jugements rendus par les chambres administratives des TGI.

En observant les juridictions administratives de première instance et d'appel, on peut dire qu'il existe une organisation interne propre à elles leur donnant une certaine autonomie. Si cela est vrai théoriquement, la pratique en est toute autre. En effet, lorsqu'on parcourt la loi n°11/PR/2013 portant code de l'organisation judiciaire, l'article 37 de cette loi renvoie en ce qui concerne l'organisation, la compétence et le fonctionnement des juridictions administratives à une loi distincte. L'on s'attend à ce que la loi n°012/PR/2013 portant organisation et fonctionnement des juridictions statuant en matière du contentieux administratif puisse donner d'amples informations sur l'organisation interne des chambres administratives des TGI et des Cours d'appel. Malheureusement, aucune disposition de cette loi ne précise l'organisation interne des juridictions administratives. Néanmoins, c'est en

---

[64] V. Art. 2 du décret n°1010/PR/PM/MJDH, précité.

[65] V. Art. 1 du décret n°1010/PR/PM/MJDH, précité.

parcourant les dispositions régissant le fonctionnement de ces juridictions que l'on peut apercevoir les divers rôles confiés à chaque membre de la juridiction et en déduire qu'il existe une certaine organisation interne aux chambres. Ainsi, il convient de dire que dans chaque chambre administrative, le siège est composé d'un président de la chambre et des magistrats, le parquet est composé des commissaires à la loi[66] et le Greffe par des greffiers des chambres. Puisqu'aucune précision n'est faite sur l'organisation interne, l'on ne sait quelle est, en termes de nombre, la composition d'une formation de jugement. La loi n°11/PR/2013 portant code judiciaire, posant des règles s'imposant à toutes les juridictions, affirme que *« ... les jugements sont rendus en formation collégiale ».*[67] Et comme on peut l'observer, dans la pratique, les jugements sont rendus par au moins trois juges.

Les chambres administratives des juridictions de premières instances et des Cours d'appel sont inféodées aux juridictions judiciaires sur plusieurs points. En effet, dans chaque juridiction, il existe un président qui est le chef de la juridiction, suppléé par des vice-présidents qui sont les présidents des chambres. Le président de la juridiction, juge judiciaire, dirige tout le service de la juridiction et c'est aussi lui qui répartit les présidents des différentes chambres[68]. Ainsi, le président de la chambre administrative de première instance est nommé par le président du Tribunal de Grande Instance. Quant au président de la chambre administrative d'appel, il est nommé par le président de la Cour d'appel. L'on peut constater qu'à ce niveau, il y a donc une soumission des

---

[66] Les commissaires à la loi, telle est l'appellation donnée par le législateur tchadien aux commissaires de gouvernement.
[67] V. Art 16 de la loi n°11/PR/2013, précitée.
[68] V. Art.17 de la loi n°11/PR/2013, précitée.

présidents des chambres administratives aux présidents des juridictions judiciaires qui sont leurs chefs hiérarchiques[69].

La dépendance des chambres administratives s'observe aussi au niveau du Greffe. Il est vrai que les chambres administratives disposent d'un greffe, mais dans chaque TGI ou Cour d'appel, il n'existe qu'un seul Secrétariat-Greffe qui est dirigé par le greffier en chef. C'est lui qui assume la responsabilité des services administratifs de la juridiction et tous les greffiers des chambres lui sont soumis. Au-delà de cette inféodation en interne, les juridictions administratives n'ont pas un local propre à elles, puisqu'elles empruntent le local des juridictions judiciaires. Aussi tenté de croire qu'il existe des chambres administratives dans les juridictions inférieures qui disposent d'une organisation propre à elles, la réalité nous rattrape, car ces chambres ne sont pas indépendantes dans la pratique. Et même si les textes qui sont censés organiser les chambres administratives des juridictions inférieures venaient à être pris dans les jours à venir, cela ne fera pas d'elles des *« juridictions autonomes »*[70], puisque dépendant toujours organiquement des juridictions judiciaires. Cette dépendance ne se limite pas simplement au niveau des juridictions administratives inférieures, elle se poursuit également au niveau de la juridiction administrative suprême.

---

69 V. notamment les prérogatives accordées aux présidents des juridictions dans les articles 17, 18 et 19 de la loi n°11/PR/2013, précitée.

70 JACQOT (H.), « Le contentieux administratif au Cameroun », *RCD*, n° 07, Janvier-Juin 1975, pp. 81-91.

B. L'inféodation de la juridiction administrative suprême à la juridiction judiciaire de la Cour suprême

La juridiction administrative suprême, bien que disposant d'une organisation interne lui accordant une certaine autonomie, reste néanmoins dépendante de la juridiction judiciaire. En effet, au titre de l'ordonnance n°002/PR/2021 portant attribution, organisation, fonctionnement et règles de procédure devant la Cour suprême, celle-ci est *« ...la plus haute juridiction du Tchad en matière judiciaire, administrative... »*[71]. Il ressort de cette disposition que la Cour suprême du Tchad est divisée en plusieurs chambres. Chacune de ces chambres dispose d'une organisation interne propre à elle. En ce qui concerne la chambre administrative, elle comprend une section contentieuse et une section consultative[72]. Chaque section comprend au moins trois (3) magistrats, elle est présidée par le président de la chambre administrative ou par le conseiller le plus ancien[73]. Pourtant, cette organisation interne ne donne pas une réelle autonomie à la chambre administrative de la plus haute juridiction. Cette haute juridiction administrative est dépendante de la juridiction judiciaire au Siège, au Greffe, ainsi qu'au Secrétariat général.

Le Siège de la Cour suprême est composé d'un président et de trente (30) conseillés[74]. Le président de la Cour suprême est choisi parmi les hauts magistrats de carrière, il est le chef de la juridiction, car c'est lui qui nomme les

---

[71] V. Art. 2 de l'ordonnance n°002/PR/2021, portant attribution, organisation, fonctionnement et règles de procédure devant la Cour suprême.

[72] V. Art. 54 de l'ordonnance n°002/PR/2021, précitée.

[73] *Ibidem*

[74] V. Art. 8 de l'ordonnance n°002/PR/2021, précitée.

présidents des autres chambres[75]. Les présidents des chambres administratives sont ainsi sous l'autorité du président de la Cour suprême, magistrat de l'ordre judiciaire. L'on constate, à ce niveau, une dépendance des membres qui composent la formation administrative vis-à-vis du judiciaire. En ce qui concerne le Greffe, il existe pour toute la Cour suprême un seul Greffe[76], dirigé par un greffier en chef. Il est chargé de tenir la plume devant toute les formations et c'est aussi lui le responsable du fonctionnement général du Greffe de la Cour suprême. L'on peut observer aussi à ce niveau qu'il n'existe pas un greffe autonome de la juridiction administrative suprême, son service de greffe est inféodé au Greffe unique de la Cour suprême[77]. Cette dépendance se poursuit également au niveau du Secrétariat général, du fait que la Cour suprême dispose d'un seul Secrétariat, dirigé par le secrétaire général et son adjoint. Le secrétariat général est chargé d'exécuter les délibérations du bureau de la Cour suprême et de prendre des mesures nécessaires à l'organisation de la Cour. À la vérité, en observant la chambre administrative de la Cour suprême, celle-ci apparait telle que le faisait admirablement remarquer le Professeur Maurice KAMTO, comme *« une excroissance au sein de la haute juridiction (...). Cette dernière* (la Cour suprême) *parait ainsi avoir été conçue avant tout comme l'instance judiciaire suprême à laquelle on a bien voulu adjoindre une fonction administrative contentieuse »*[78]. En analysant la structure de la Cour suprême du Tchad, il serait tout à fait logique de penser que cette haute juridiction a été conçue avant tout

[75] V. Art 43 de l'ordonnance n°002/PR/2021précitée.
[76] V. Art. 34 de l'ordonnance n°002/PR/2021, précitée.
[77] V. Art.32 de l'ordonnance n°002/PR/2021, précitée.
[78] KAMTO (M.), *Droit administratif processuel au Cameroun.* Que faire en cas de litige avec l'administration ? Yaoundé, PUC, 1990, p. 254, Cité par KEUTCHA TCHAPNGA (C.), *Le précis du contentieux administratif... op.cit.* p. 32 et s.

comme une instance judiciaire à laquelle l'on a voulu simplement ajouter une fonction administrative contentieuse. Pour preuve, tous les services qui assurent la direction de ladite institution au Tchad sont administrés par des magistrats ou greffiers professionnels qui ont reçu une formation fortement influencée par le droit privé. Or dans la plupart des pays qui ont adopté ce système, l'expérience a valablement montré qu'un tel « dédoublement » conduit, la plupart des temps, à *« un flottement dans la démarche des juges »*[79]. Cette méthode est source d'incertitude jurisprudentielle, ce qui entraine des difficultés dans l'application uniforme du droit administratif dont le juge administratif suprême a la charge.

Il convient de dire, en tout état de cause, que la chambre administrative de la Cour suprême ne dispose pas d'une autonomie réelle puisque tous ses organes sont inféodés aux organes de la juridiction judiciaire. Pourtant, il est important pour une juridiction, et de surcroit une juridiction suprême, d'être autonome structurellement pour une efficacité sans faille. Le Conseil d'État français, la Cour suprême américaine et bien d'autres institutions dans d'autres pays ont servi d'exemple dans ce sens. Mais l'organisation de la Cour suprême tchadienne telle qu'elle est actuellement n'offre aucune garantie pour un développement harmonieux et cohérent du droit administratif.

---

79 BIPOUN WOUM (J-M), « Recherches sur les aspects actuels de la réception du droit administratif dans les États d'Afrique noires d'expression française : le cas du Cameroun », *RJPIC*, n°3, 1972, p. 366

Paragraphe 2 : Les conséquences de l'inféodation structurelle des juridictions administratives aux juridictions judiciaires

La question de l'autonomie organique des juridictions administratives est essentielle pour un meilleur service rendu par ces dernières. Mais la dépendance structurelle de la justice administrative au Tchad a des conséquences notables. Cette dépendance conduit d'abord, à une absence d'autonomie de gestion (A), ce qui ensuite, entraine inévitablement la lenteur dans la procédure administrative contentieuse (B).

A. L'absence d'autonomie de gestion

Une institution ne peut être indépendante que si elle bénéficie d'une autonomie de gestion. L'autonomie de gestion peut renfermer plusieurs composantes, dont l'autonomie de gestion financière et administrative. C'est grâce à une autonomie de gestion qu'une institution peut atteindre aisément les missions pour lesquelles elle a été créée. Or, les juridictions administratives tchadiennes n'ont pas une autonomie de gestion. Tout cela s'explique par l'hyper dépendance de celles-ci vis-à-vis des juridictions judiciaires. À priori, l'unité d'ordre de juridiction, parce qu'elle aurait un certain nombre d'avantages, apparait comme une solution judicieuse pour les États en voie de développement : économie des moyens, économie en termes de personnel, etc. Parmi les raisons qui ont poussé la plupart des États africains d'expression française, et le Tchad en, à choisir l'unité d'ordre de juridiction, il y'a sans doute celle d'ordre économique. Pourtant, un tel système ne donne pas à la justice administrative une autonomie de gestion administrative et financière, nécessaire pour lui permettre d'assurer pleinement son rôle.

En ce qui concerne l'autonomie de gestion administrative, tous les organes des juridictions administratives sont sous l'autorité de ceux des juridictions judiciaires. Il s'agit notamment du Siège, des services des Greffes ainsi que le Secrétariat général (pour le cas de la plus haute juridiction à la Cour suprême). Dans un esprit de spécialisation, ces structures devraient être propres à la juridiction administrative elle-même. Ce qui n'est pas le cas actuellement. Par exemple, le président de la chambre administrative ne peut pas décider de la conduite que devra tenir la chambre administrative parce qu'il n'est pas le chef de la juridiction. C'est dans ce même ordre d'idées que la doctrine[80] décriait le manque d'autonomie de la justice administrative au Cameroun. Elle soutient, en effet, que même si l'on avance souvent la raison financière comme excuse à l'unité de juridictions et que cette unification n'est qu'organique, ce système porte atteinte à l'autonomie de la juridiction administrative. Étant donné que les présidents des juridictions sont des magistrats privatistes, c'est à eux que revient la responsabilité de donner des directives significatives quant au déroulement du procès administratif.

En outre, l'inféodation des juridictions administratives aux juridictions judiciaires ne leur garantit pas une autonomie de gestion financière. Pourtant, cette autonomie de gestion financière fait partie des éléments d'affirmation de la spécialisation et de l'indépendance de la justice administrative. À titre de droit comparé, en France, le Conseil d'État, en tant que juridiction suprême en matière administrative, bénéficie d'une autonomie de gestion financière, lui permettant d'assurer le fonctionnement des juridictions administratives. Au Gabon également, le législateur de 1994 a créé des juridictions administratives

[80] FANDJIP (O), *Les mutations récentes de la justice administrative en Afrique francophone étude critique à partir du modèle camerounais*, Paris, L'Harmattan, 2019, Études Africaines Série Droit, p. 128 et s.

de la base jusqu'au sommet. Ces juridictions sont complètement autonomes et sur tous les aspects de celles judiciaires.

Cette option pourrait également être prise par le Tchad. Cette démarche pourrait, peut-être, permettre de juguler certains dysfonctionnements de la justice administrative, justifiés par le manque de moyens financiers nécessaires pour assurer sa mission. Mais la réalité est qu'il y a là, un manque de volonté de la part des décideurs politiques qui ne voient en la justice administrative qu'une institution qui a pour but de limiter leurs pouvoirs.

L'absence d'autonomie de gestion entraine une lenteur dans la procédure administrative contentieuse.

B. La lenteur dans la procédure administrative contentieuse

« Une justice lente est une justice inefficace » [81], disaient André LEGRAND et Céline WIENER. Cependant, en analysant les décisions rendues par le juge administratif tchadien, la lenteur dans la procédure est signifiante. Alors que les textes actuels fixent un délai de six (6) mois maximum, au juge pour rendre sa décision[82], la plupart des décisions sont rendues dans un délai de deux (2) à quatre (4) ans, voire plus. Cette lenteur n'est pas due à un engorgement quelconque des juridictions administratives, car contrairement à la justice judiciaire, celle administrative ne souffre pas d'une abondance d'affaires à juger. Cette lenteur est due notamment à l'inféodation de la justice administrative à son homologue judiciaire. N'ayant pas une structure propre à elle, la juridiction administrative emprunte presque tous ses organes de la juridiction judiciaire. Ce qui traduit une lenteur dans la procédure

---

[81] LEGRAND (A.) et WIENER (C.), *Droit public…op.cit.* p. 142.
[82] V. Art. 18 de la loi n°012/PR/2013, précitée.

parce que les services administratifs de la justice sont partagés entre les deux (2) juridictions : administrative et judiciaire.

Certes, la rapidité de la procédure devant une juridiction ne justifie pas son efficacité. En revanche, la lenteur non plus. Car une juridiction lente est une justice en situation de dysfonctionnement. Même s'il est vrai que la lenteur dans les jugements n'est pas le propre du Tchad, puisqu'elle existe même dans les pays les plus avancés en termes de démocratie comme la France, rien ne normalise ce déni de justice d'une autre facette. À ce titre, en France, la Cour européenne des droits de l'homme (CrEDH) a condamné l'État français à plusieurs reprises en raison de la lenteur de la juridiction administrative dans le jugement des affaires. À titre d'exemple, dans l'arrêt *Cazenave de la Roche*[83], le tribunal administratif avait mis deux ans et dix mois pour statuer et un an et trois mois pour rendre son jugement. L'on constate que dans ce cas, la lenteur était devenue un vice dans le fonctionnement de la juridiction.

Au demeurant, ce qui est le plus important, c'est le respect des délais, du moins, le caractère raisonnable des délais des jugements rendus. En d'autres termes, la célérité de la justice, c'est une exigence d'un délai raisonnable dans le traitement des affaires. Et comme le disait à juste titre le Professeur Jean-Marc SAUVÉ, *« la justice administrative ne doit ni être rapide à juger au risque de sacrifier le raisonnement, ni trop lente au risque de ne pas répondre à temps utile aux attentes des parties (...) tout est en effet une affaire d'équilibre »*[84]. Bien évidemment, l'équilibre du temps que prend la juridiction pour trancher un litige est l'un des éléments qui justifient l'efficacité de la justice.

---

[83] CEDH, 09 juin 1998 Cazenave de la Roche c./ France.

[84] SAUVE (M.), « La qualité de la justice administrative », *Revue française d'administration publique*, n°159, 2016, pp. 667-674, notamment p. 667.

Alors que les plaideurs s'impatientent à ce que le juge puisse annuler une décision illégale, par exemple, la lenteur de la procédure aura pour conséquence le fait que l'acte même illégal continue de s'appliquer jusqu'à ce que la décision d'annulation soit prise par le juge. Or, pendant ce temps, les droits sont violés et certains seront d'ailleurs difficilement réparables, si le plaideur n'a pas pris soin d'introduire une mesure d'urgence. Quelques exemples de la lenteur de la justice administrative tchadienne trouvent leurs illustrations dans les affaires suivantes :

Dans l'affaire des ayants droit *DJINGAR DONO NGARDOUM*[85], les requérants ont saisi le juge administratif pour demander l'annulation de la décision du ministre de l'Économie délivrant à une personne le titre foncier des parcelles qu'ils estiment leur appartenir. Les requérants ont introduit leur recours au Greffe de la Cour suprême en date du 14 août 2004. Mais, il a fallu attendre jusqu'en 2008 pour que le juge administratif déclare la requête irrecevable, parce qu'elle a été introduite hors délais. Il fallait attendre quatre (4) ans pour voir déclarer une requête irrecevable par le juge administratif Tchadien. Bien qu'une telle lenteur soit difficilement justifiable, l'on peut dire qu'elle est due à l'absence d'une autonomie structurelle lui permettant de mener à bien la procédure contentieuse. De plus, l'affaire *BERAMGOTO DJERAYOUM*[86] a duré plus de deux (2) ans avant qu'elle ne soit jugée. Il en est également de même de l'affaire *Mahamat Mahamat FELATI*[87] qui a duré près de trois (3) ans. Bref, pleines d'affaires similaires témoignent de la

[85] Arrêt n°038/CS/CA/SC/08 du 24/09/08, affaire les ayants droit NDJINGAR DONO NGARDOUM c/ État tchadien.

[86] Arrêt n° 016/CS/CA/SC du 19 septembre 2012, affaire BERAMGOTO DJERAYOUM c/ État Tchadien.

[87] Arrêt n° 04/CS/CA/SC du 9 janvier 1995, affaire Mahamat Mahamat FELATI c/ État tchadien

lenteur de la procédure devant le juge administratif Tchadien. Il y a des affaires qui ont duré plusieurs dizaines d'années. C'est ainsi que M Charles KARYO affirme à juste titre que, *« il existe des cas où le procès traine sur une dizaine ou une vingtaine d'années (...) la susceptibilité était telle que ces espèces sont inaccessibles au public »*[88]. De ce constat, il convient de dire que la lenteur amène les requérants, pour ainsi reprendre les termes du Professeur KEUTCHA TCHAPNGA Célestin, à considérer*« un peu la justice administrative comme une sorte de boite noire : une fois la requête introduite, ils ont le sentiment que rien ne s'y passe jusqu'au jour où cinq, sept ou dix ans après, ils reçoivent une convocation à l'audience, s'y rendent et ne comprennent rien à ce qui s'y passe »*[89]. Cette lenteur de la justice administrative confine parfois au déni de justice[90].

Face à ces difficultés, il y'a lieu d'envisager de nouvelles perspectives.

SECTION 2 : LES NOUVELLES PERSPECTIVES ENVISAGEABLES

Toute difficulté est surmontable. La justice administrative au Tchad pourrait ainsi être mieux structurée et jouer pleinement son rôle dans la consolidation de l'État de droit. L'adage selon lequel *« Rome ne s'est pas bâti en un seul jour »* n'est pas fortuit. Le Tchad pourrait mettre en place des véritables juridictions administratives qui répondent aux attentes des Tchadiens. Sans oublier que la

---

[88] KARYO (C.), « Les entraves à l'efficacité de la justice administrative au Tchad » *...op.cit.* pp. 28-29.

[89] KEUTCHA TCHAPNGA (C.), *Le précis du contentieux administratif...op.cit.* p. 36.

[90] *Ibidem*

justice administrative tchadienne reste encore éloignée des justiciables du fait, d'une part, de l'ineffectivité de certaines juridictions et, d'autre part, de l'insuffisante déconcentration de ces dernières. C'est donc sans doute de manière progressive, en faisant face aux lacunes relevées, que le Tchad parviendra à mettre en place une justice administrative autonome. En ce sens, c'est pour faire face aux conséquences fâcheuses du système du monisme organique des juridictions que certains pays qui l'appliquaient s'en sont débarrassés. Les exemples du Maroc ou du Gabon sont illustratifs à cet égard. Au Maroc, notamment, le système d'unicité de juridiction qui avait été adopté depuis 1913 et qui avait justement servi de modèle à d'autres pays[91] a été abandonné en 1994. Le Maroc a dû donc créer des tribunaux administratifs et plus tard des Cours d'appel[92].

En termes de perspectives envisageables pour améliorer la justice administrative tchadienne sur le plan structurel, il est nécessaire de prendre des dispositions pour rapprocher cette justice des justiciables **(Paragraphe 1)**, et envisager sa réorganisation pour mettre sur pied des juridictions administratives organiquement autonomes **(Paragraphe 2)**.

Paragraphe 1 : La nécessité de rapprocher la justice administrative des justiciables

De tous les trois pouvoirs tels que décrits par MONTESQUIEU, le pouvoir judiciaire est celui qui doit être le plus accessible à tous, sans aucune distinction. La fonction première d'une justice, c'est de trancher les litiges. Mais lorsque les citoyens ne parviennent pas à la saisir pour

---

[91] Il s'agit des pays comme le Sénégal, la Côte-ivoire, etc.

[92] Voir à ce propos SY (D.) et ALIOUNE BADARA (F.), *La justice administrative en Afrique,* op.cit. p. 21

résoudre leur problème, il y'a lieu de s'inquiéter. Tout État qui se veut démocratique et respectueux du droit doit allouer des moyens nécessaires pour mettre en place les tribunaux, les ressources, les installations et équipements adéquats pour permettre un meilleur fonctionnement de la justice. La jauge de l'État de droit s'apprécie à ce juste prix. Il n'y a point de contrôle de l'administration si la justice reste insaisissable par les particuliers. De *jure*, le particulier lésé par un acte administratif doit avoir la possibilité de contestation devant un juge indépendant et impartial. De *facto*, s'il y a litige, il semble raisonnable de se tourner vers une institution chargée de trancher ce litige plutôt que de le résoudre soi-même. Ce n'est pas qu'une question de droit qui obligerait les États de rapprocher la justice des justiciables, c'est parfois et aussi une question de logique et de bon sens.

Malgré cela, la justice administrative au Tchad reste, jusque-là, éloignée des justiciables. Cet éloignement ne favorise pas une meilleure garantie des droits des administrés. C'est pourquoi le Tchad gagnerait à rendre d'abord effectives toutes les juridictions administratives prévues par les textes (A) et dans une seconde phase permettre une déconcentration plus poussée de la justice administrative (B).

A. La nécessité de rendre effectives les juridictions administratives

Même inféodées aux juridictions judiciaires, toutes les juridictions administratives prévues par les textes ne sont pas encore effectivement mises sur pied. L'ineffectivité de certaines juridictions administratives peut être justifiée par le manque des magistrats et des moyens matériels qui devront être mis à la disposition de chaque juridiction. Mais, elle est aussi, peut-être davantage, justifiée par le manque de volonté des gouvernants. Or, l'on ne peut envisager l'efficacité des juridictions administratives que si elles sont effectives.

Un renforcement de l'effectif des magistrats pourrait être bénéfique pour combler le vide dans les juridictions. Si le nombre actuel des magistrats est insuffisant pour rendre effectives les juridictions administratives, l'État devra former des magistrats qui devront siéger dans ces juridictions. Il pourrait aussi procéder aux recrutements des enseignants d'Université, ayant une connaissance approfondie du droit administratif. Cette solution, également proposée par d'autres auteurs[93], ne sera pas une nouveauté tchadienne, puisqu'elle existe dans plusieurs pays[94]. En ce qui concerne le matériel (équipements), il s'agit du local, des outils bureautiques et autres outils permettant la mise en place d'un service public comme la justice. Le gouvernement devra donc penser à fournir les équipements nécessaires au fonctionnement des juridictions administratives.

En clair, la mise sur pied des juridictions administratives prévues par les textes (et la mise à leur disposition du personnel et du matériel nécessaires) est une solution au problème de l'éloignement de la justice des justiciables. Ce sera un véritable progrès vers la

---

[93] KARYO (C.), « Les entraves à l'efficacité de la justice administrative au Tchad » ... *op.cit.* p. 19

[94] Il en est ainsi pour les pays comme la France, le Cameroun, le Gabon qui, à côté du recrutement normal des magistrats par concours, admettent aussi le recrutement de certains spécialistes des questions administratives pour renforcer l'effectif des magistrats. Au Cameroun, par exemple, le législateur prévoit de faire appel aux enseignants de droit à l'Université pour renforcer l'effectif des magistrats. Même si certains auteurs estiment que le nombre d'années fixé comme condition qui est de 15 ans pour les chargés de cours et 10 ans pour les Professeurs semble être excessif, cette solution est efficace pour combler la carence en magistrat. V. À juste titre KOUAM (P S.), « L'organisation juridictionnelle et la construction de l'État de droit au Cameroun », *Revue juridique et politique,* n°1, 2013. p. 113.

consolidation de l'État de droit, car comme le disait Edwige AVICE, *« il ne suffit pas de vouloir l'État de droit, pour l'instaurer. Pour que la démocratie vive, il faut qu'elle fonctionne au quotidien, que les structures en soient établies (...) »*[95]. Certes, la justice administrative prévue par les textes démontre une volonté de consolider l'État de droit. Mais il ne suffit pas de consacrer dans les textes les juridictions pour vouloir instaurer un État de droit, il va falloir les rendre effectives pour qu'elles jouent pleinement leur rôle. Justement, à propos, s'il y a une difficulté qui barre souvent la route à beaucoup d'États, surtout africains d'expression française, vers l'idéal de l'État de droit, c'est notamment l'écart entre ce qui est prévu par les textes et ce qui est réellement appliqué. L'on ne peut construire un État basé sur le respect des textes de droit qui le régissent, si l'on n'applique pas correctement ces textes. Il faut nécessairement concilier la théorie à la pratique.

Si la mise en place de ces juridictions devient effective, l'on pourra dire que cela est un premier pas vers une autonomie de la justice administrative tchadienne. Aussi, le législateur devra penser à une meilleure déconcentration de celles-ci.

B. La nécessité de déconcentrer la justice administrative

La justice administrative doit être déconcentrée pour permettre à tout citoyen de la saisir sans effectuer de longs déplacements. L'idée de la déconcentration de la justice vient de la nécessité de rapprocher la justice des justiciables. Il s'agit d'un élément d'appréciation du droit

---

[95] AVICE, citée par DOUNA NANG-WEYE (D.), *L'apport du Parlement à l'État de droit au Tchad*, *op.cit.* p. 2-3.

d'accès à la justice administrative[96]. Comme le faisait remarquer M. KAMDEM qui décriait la centralisation de la justice administrative au Cameroun en 1985, *« la juridiction administrative ne doit pas être une institution interne à l'administration et avoir une fonction incantatoire, il faut qu'elle se décentralise (...) »*[97]. L'on ne peut qu'être en accord avec l'auteur, puisqu'en réalité la justice administrative se doit d'être proche des justiciables qui en sont les véritables bénéficiaires.

À la lecture du décret n°1010/PR/PM/MJDH/2014 portant création des juridictions et fixant leur ressort territorial, chaque chef-lieu de département est doté d'un TGI[98]. Il était ainsi créé soixante TGI et neuf Cours d'appel. Si l'on part, ainsi, de la volonté du législateur, selon laquelle les juridictions administratives du premier degré sont les chambres administratives des Tribunaux de Grande Instance, il devrait normalement avoir actuellement soixante juridictions administratives inférieures. Car territorialement, il doit exister dans chaque département un TGI auquel est rattachée une chambre administrative. Mais tout compte fait, ce n'est pas le cas dans la pratique. Aussi, l'on remarque le plus souvent que la création d'un nouveau département ne s'accompagne pas de la mise sur pied d'un TGI. Il en résulte ainsi, l'extension de la compétence d'une chambre administrative d'un TGI sur plus d'un département. Il faut noter que le Tchad compte actuellement cent douze (112) départements[99]. Il devrait

---

[96] Pour une meilleure appréhension du droit d'accès à la justice administrative, V. GUIMDO DONGMO (B-R.), « Le droit d'accès à la justice administrative au Cameroun, op.cit.., pp. 492-543.

[97] KAMDEM (J-C), *Cours de contentieux administratif* (Polycopié), Université de Yaoundé, 1985, Tome 1, p. 61.

[98] Art. 2 du décret n°1010/PR/PM/MJDH, portant création des juridictions et fixant leur ressort territorial au Tchad

[99] V. L'ordonnance n°0001/PR/2019 portant création des unités administratives et des collectivités autonomes au Tchad.

normalement avoir cent douze TGI, malheureusement, ce n'est pas le cas. Et comme mentionné ci-haut, même l'effectivité des chambres administratives déjà créées pose énormément de problèmes. Pour parvenir à rendre une justice administrative de proximité, l'État devra doter tous les cent douze départements des TGI et rendre effectives ces juridictions. La déconcentration de la justice administrative peut apparaitre ainsi comme une étape vers une autonomisation intégrale de la juridiction administrative[100].

Paragraphe 2 : La possibilité de rendre autonomes les juridictions administratives

La mutation des facteurs qui avaient permis l'essor du « faux mimétisme » institutionnel en Afrique francophone a entrainé une nouvelle perception de la soumission de l'administration au droit qui passe par l'émergence d'une juridiction administrative autonome[101]. Le droit administratif ne peut se développer que dans un système où l'organe chargé de son application est autonome, vis-à-vis de son homologue judiciaire. Cette idée défendue naguère par M. Pierre LAMPUÉ qui évoque en ce sens que *« pour appliquer un droit original, il est bon d'instituer un organe*

---

[100] Au Gabon, la loi n°17/84 du 29 décembre 1984 portant Code des juridictions administratives va mettre effectivement en fonction les sections administratives dans chaque chef-lieu de province. Ces sections avaient été créées par la loi n° 06/78 du 1er juin 1978 portant organisation judicaires. V. à ce propos FANDJIP (O.), *Les juridictions administratives et le temps : Cas du Cameroun et du Gabon*, Mémoire de D.E.A, Université de Dschang, 2009, pp. 17-22.

[101] DIAGNE (M.), *L'efficacité du contrôle contentieux sur l'administration sénégalaise*, Thèse de Doctorat, Université d'Aix en Provence, 1990, p. 412, Cité par MOMO (C.) « L'évolution du modèle de justice administrative en Afrique subsaharienne francophone » … *op.cit.* p. 355.

distinct et appliquant à cette tâche toute son activité »[102], a toute sa raison d'être. C'est pourquoi il sera nécessaire de renforcer l'autonomie des juridictions administratives inférieures (A) ainsi que celle de la juridiction administrative suprême (B).

A. Le renforcement de l'autonomie des juridictions administratives inférieures

Le renforcement de l'autonomie des chambres administratives des TGI et des Cours d'appel doit nécessairement passer par une transformation de la structure de ces dernières. En effet, comme l'on a pu le soulever, la situation de dépendance actuelle des juridictions administratives aux juridictions judiciaires, bien qu'elle présente des avantages en termes d'économie des moyens, n'est pas sans conséquence. Ainsi, la séparation des deux (2) ordres de juridictions présenterait divers avantages[103]. Elle contribuerait à l'élaboration des meilleures décisions de justice et permettrait également un meilleur développement du droit propre à chaque juridiction.

Dans la dualité des ordres de juridictions, chaque juridiction, étant autonome, se consacre sur ses propres affaires, et il n'y a pas de confusion entre leurs différents organes. Ainsi, l'émergence de deux (2) corps de règles ne peut être favorisée que par le dualisme juridictionnel. Ainsi, le droit administratif ne serait alors mieux valorisé que

---

[102] LAMPUE (P), « La justice administrative dans les États d'Afrique francophones », …*op.cit.* p. 7

[103] V. TRUCHET (D.), « Fusionner les juridictions administratives et judiciaires ? » *In Etudes offerte à AUBY (J-M),* éd. Dalloz, 1992, p. 335 et s. ; TRUCHET (D), « Mauvaises et bonnes raisons de mettre fin au dualisme juridictionnel » *In Justice*, n°3, janvier-juin, 1996, p. 53 et s.

grâce au dualisme juridictionnel[104]. En ce sens, Francis Paul BENOIT affirmait en 1962 dans son intervention sur les conditions de développement du droit administratif dans les États nouvellement indépendants d'Afrique francophone qu'un droit administratif n'est viable que dans le cadre de la dualité de juridictions à l'instar du système d'organisation judiciaire français[105]. Le système de l'unicité de juridiction tel qu'il existe actuellement au Tchad n'offre pas un contexte propice au développement du droit administratif. Le système de l'unicité trouve néanmoins des défenseurs, c'est le cas, par exemple, du Professeur Henri JACQUOT qui soutenait, en ce sens, que la technique de l'unité organique et dualité fonctionnelle s'expliquait *« par des raisons de simplicité et d'économie des moyens »*[106]. En tout état de cause, s'il est vrai que l'avantage d'une telle unicité est la simplicité, le système actuel au Tchad ne manque pas de présenter une certaine complexité, par exemple dans la détermination des compétences respectives des juridictions administratives et judiciaires. Les éventuels conflits de compétences peuvent naitre puisque la dualité du point de vue fonctionnel existe. De même, les raisons d'ordre économique ne sont pas totalement convaincantes. L'État tchadien devrait intégrer que la justice administrative en tant que pièce maitresse de l'État de droit[107], elle joue un rôle important, qui serait

---

[104] HOTI (P.) et HOXHAJ (E.), « L'existence d'ordre de juridictionnels comme forme de spécialisation de la justice » … *op.cit.* pp.39-50.

[105] BENOIT (F-P.), « Les conditions de développement d'un droit administratif autonome dans les États nouvellement indépendants », *Annales Africaines,* 1962, pp.119 et s.

[106] JACQUOT (H.), « Le contentieux administratif au Cameroun », *RDC*, n°07, Janvier-Juin, pp. 112-139.

[107] ROUSSET (M.), « La justice administrative, pièce maitresse de l'État de droit au Maroc », *RJPIC*, n°1, Janvier- Avril 2000, p.6 ; CONAC (G.), « Le juge et la construction de l'État de droit en

mieux tenu si elle bénéficiait d'une certaine autonomie structurelle.

L'exemple tchadien n'est cependant pas cas isolé, d'autres États d'Afrique francophone ayant également du mal à mettre sur pied une justice administrative structurellement autonome de la justice judiciaire. C'est le cas du Cameroun. Celui-ci dispose de nos jours des tribunaux administratifs institués par le législateur en 2006[108], mais ces tribunaux ne sont pas encore réellement autonomes[109]. Actuellement au nombre de dix (10), en raison d'un tribunal administratif par région, ces tribunaux restent inféodés aux Cours d'appel. De même au sommet, il y'a une chambre administrative qui fait partie de la Cour suprême, remettant ainsi en cause la dualité organique des ordres de juridictions[110].

Mais d'autres pays africains ont fourni un effort remarquable dans le sens de la dualité organique des juridictions et pourraient ainsi inspirer le Tchad. L'exemple du Gabon peut être cité à cet égard. En effet, dans les années

---

Afrique », *In Mélanges G. BRAIBANT*, l'État de droit, Dalloz, Paris, 1996, pp. 108-110.

108 Il s'agit de la loi n°2006/O22 du 29 décembre 2006 fixant l'organisation et le fonctionnement des tribunaux administratifs au Cameroun.

109 Pour en savoir plus sur l'organisation de la justice administrative camerounaise, V. KOUAM (S.P.), « L'organisation juridictionnelle et la construction de l'État de droit au Cameroun », *Revue juridique et politique*, n°1, 2013, pp. 79-122.

110 Il est institué pour tout le Cameroun une seule Cour Suprême partagée entre l'ordre judiciaire et administratif. La juridiction administrative suprême est ainsi dépendante de la juridiction judiciaire à la Cour suprême. V. à ce propos ABA'A OYONO (J-C), « Chronique du grain de sable dans la fluidité jurisprudentielle à la chambre administrative du Cameroun », *In Juris périodique*, Avril-Mai-Juin 2009, n°78, pp. 62-74 ; KAMTO (M) « La fonction administrative contentieuse de la Cour suprême du Cameroun », *In Les Cour suprêmes et hautes juridictions d'Afrique*, Paris, Economica, 1988, p. 31-67.

1978[111], le législateur gabonais avait créé des sections administratives dans chaque juridiction de première instance, ce qui permettait un certain rapprochement de la justice administrative des justiciables. Mais, la véritable réorganisation de la justice administrative gabonaise intervient avec la loi de n°07/94 du 16 septembre 1994 avec laquelle, l'on assiste au remplacement des sections administratives par des tribunaux autonomes sur l'aspect structurel et aussi au niveau de leur composition. Aujourd'hui, le Gabon dispose des tribunaux administratifs autonomes.

Autre exemple, le Burkina Faso qui s'est également inscrit dans la dynamique de création des tribunaux administratifs autonomes. Depuis 2000[112], le Burkina Faso a instauré des juridictions administratives organiquement indépendantes des juridictions judiciaires. Même si au départ le système burkinabè présentait un certain nombre de particularités[113], aujourd'hui, ce système semble être un exemple à explorer[114].

Depuis 2006, le Congo peut être considéré comme exemple en ce qui concerne la séparation organique des juridictions administratives et judiciaires. En effet, avec la Constitution du 18 février 2006, le Congo s'est doté d'une justice administrative autonome en créant des Tribunaux et

---

[111] V. La loi n°06/78 du 1er juin 1978, portant organisation judiciaire au Gabon.

[112] Il s'agit de la loi n°15 2000/AN du 23 mai 2000 qui crée des tribunaux administratifs et institue un Conseil d'État au sommet de l'ordre juridictionnel administratif burkinabè.

[113] Par exemple, l'institutionnalisation du juge unique dans les tribunaux administratifs. V. à ce titre MOUDOUDOU (P.), « Les tendances du droit administratif dans les Etats d'Afrique noire francophone », *Annales de l'Université Marien NGOUBI*, n°10, 2009, pp. 1-39.

[114] Depuis la loi n°11-2016/AN régissant les tribunaux administratifs, l'institution du juge unique a été remplacé par une formation collégiale. V. Art. 3, et 20 de cette loi.

des Cours d'appel administratifs indépendants, chapeautés par un Conseil d'État. Ainsi on peut observer au titre de l'article 154 de ladite Constitution que : *« il est institué un ordre de juridictions administratives composé du Conseil d'État, des Cours et Tribunaux administratifs »*. Le Congo a donc remis en cause le monisme organique qui existait depuis 1967 en instaurant une dualité d'ordres de juridictions autonomes (administrative et judiciaire). Ce modèle congolais a toutefois été mis sur pied avec ses particularités[115]. Par exemple, en cas de conflit entre les deux ordres de juridictions, il appartient à la Cour constitutionnelle de trancher ce conflit.

Le contrôle efficace de l'administration et le développement du droit administratif ne sont possibles qu'en présence de véritables juridictions administratives. Le Tchad pourrait à cet effet renforcer l'autonomie des juridictions administratives de premier et second degré en les séparant des juridictions judiciaires. Pour l'instant, les chambres administratives ne sont pas considérées comme de véritables juridictions, mais juste comme des sections sous l'autorité des juridictions judiciaires. Ces juridictions sont considérées simplement comme un démembrement de la juridiction judiciaire auquel on a voulu confier une fonction de juridiction administrative. C'est aussi le cas de la juridiction administrative suprême.

B. Le renforcement de l'autonomie de la juridiction administrative suprême

L'inféodation de la juridiction administrative suprême à la juridiction judiciaire est une remise en cause de l'idée de spécialisation des juridictions. Ce système que le Professeur Maurice KAMTO qualifie de *« deux, dans-l 'un*

[115] Voir en ce sens, BATANGA (B.) *Précis du contentieux administratif congolais Tome 1*. Louvain-la-Neuve : Academia, 2014, p.160

juridictionnel »[116] est plutôt défavorable à la juridiction administrative qui se trouve dans une situation de dépendance. Ce qui n'est pas de nature à permettre à cette juridiction d'assurer pleinement son rôle d'unificateur de la jurisprudence administrative. Cette situation de *« dépendance vis-à-vis du versant judiciaire »*[117] n'est pas, en effet, favorable à la formation d'un droit administratif national. Cette idée a été valablement défendue par Kalilou DOUMBIA, à propos de l'exemple du Mali[118]. Pour l'auteur, le fait que la Cour suprême malienne soit dirigée par des magistrats privatistes alors que celle-ci est composée d'une chambre administrative et judiciaire constitue une entorse au principe de la séparation des pouvoirs telle que conçue par l'ex-métropole. L'auteur trouve cela inconcevable que le juge administratif suprême se trouve sous la tutelle du juge judiciaire. Cette tutelle crée selon lui, une sorte de l'*« omniprésence du juge judiciaire du début à la fin de la procédure administrative contentieuse »*[119]. La situation actuelle de la juridiction administrative suprême au Tchad, comme l'on a vu précédemment, confirme cette omniprésence du juge judiciaire. Or, une juridiction, qu'elle soit judiciaire ou administrative, ne peut valablement remplir les fonctions pour lesquelles elle a été instituée que lorsqu'elle dispose d'une certaine autonomie du point de vue organique et fonctionnel.

C'est vrai que la question de la séparation des autorités judiciaires et administratives en Afrique n'a pas toujours été

---

[116] KAMTO (M.), « La fonction administrative contentieuse de la Cour suprême du Cameroun » …*op.cit*. p. 31.

[117] *Ibid.* p. 33.

[118] DOUMBIA (K.), *le contentieux administratif Malien,* L'Harmattan Sénégal, 2020, pp. 216 et s.

[119] *Ibidem*

considérée comme une panacée[120]. Les déficits en matière des ressources humaines, économiques et financières ont pendant longtemps justifié sa remise en cause. Certains auteurs ont même soutenu que cette absence de séparation était le scénario le plus efficace pour une éventuelle évolution en douceur[121]. Pourtant, ce « scénario » qui avait pour but une évolution en douceur perdure. Il est nécessaire aujourd'hui de combler les lacunes de la juridiction administrative suprême au Tchad, en envisageant la transformation de la chambre administrative de la Cour suprême en une véritable juridiction administrative suprême à l'instar du Conseil d'État gabonais, français ou encore burkinabè.

Le Gabon[122] et le Tchad ont tous les deux (2) hérité leur système juridictionnel de la France. Pourtant, le Gabon, à la différence du Tchad, s'est doté d'une véritable juridiction administrative suprême indépendante de la juridiction judiciaire, par la création du Conseil d'État en 2002[123]. Un autre exemple comme précédemment évoqué est celui du Burkina Faso où l'évolution de la justice administrative a

---

[120] V. Les auteurs comme JEOL (M.), *La réforme de la justice en Afrique noire*, Thèse de droit, Dakar, 1962 ; WODIE (F.), « Les attributions de la chambre administrative de la Cote ivoire », *RJPIC*, 1968, p. 66.

[121] CONAC (G.) « Le juge et la construction de l'État de droit en Afrique francophone » … *op.cit.* p. 155-119 ; BRETON (J-M.), « Légalité et État de droit : Statut et perception du juge de l'administration », *Afrilex*, n°03, 2003, p.110.

[122] Pour une meilleure appréhension de la juridiction administrative gabonaise, V. TSATSABI (E.), *La justice administrative gabonaise*, Droit et science politiques, 2017, 202 pages ; V. aussi AKENDENGUE (M.), « Organisation de la justice administrative au Gabon », *In la Revue administrative*, 52e année, n°6, n° Spécial : Le Conseil d'État et Etat de droit, pp. 43-48

[123] V. la loi organique n°15/2002 du 27 Novembre 2002, fixant l'organisation, la compétence et le fonctionnement du Conseil d'État gabonais.

conduit le législateur à créer un Conseil d'État. Cette importante réforme a été rendue possible grâce à la révision constitutionnelle opérée par une loi du 11 avril 2000[124], supprimant la Cour suprême, jusqu'à lors, juridiction suprême unique en matière judiciaire, administrative, constitutionnelle et des comptes. Celle-ci est remplacée par quatre nouvelles juridictions toutes autonomes sur le plan organique et fonctionnel. Le Conseil d'État burkinabè devient ainsi la juridiction suprême en matière administrative. Par cette réforme, le Burkina Faso crée un ordre de juridictions administratives autonome de la base jusqu'au sommet. Tous ces systèmes pourraient inspirer le législateur tchadien dans le but d'une meilleure spécialisation de la justice administrative suprême.

[124] V. La loi n°15/AN, précitée.

CONCLUSION DU PREMIER CHAPITRE

L'unité organique des juridictions au Tchad, traduite par une forte domination de la juridiction judiciaire sur celle administrative, ne garantit pas la spécialisation de la justice administrative. L'absence d'autonomie structurelle des juridictions administratives semble être l'un des problèmes majeurs qui empêchent l'essor d'une justice administrative efficace. Le choix du législateur sur l'unicité de juridictions semble être justifié par le souci de faire des économies en moyens financiers et en ressources humaines. Mais, à la vérité, une telle unicité n'est pas de nature à avantager le développement du droit administratif, car celui-ci n'est possible que dans un environnement de dualité de juridictions. Beaucoup de pays africains qui avaient maintenu depuis les indépendances le système moniste semblent l'avoir compris. Le législateur tchadien devrait aussi repenser la structure de la justice administrative tchadienne. Les juridictions inférieures c'est-à-dire les chambres administratives TGI et des Cours d'appel seraient ainsi transformées en de véritables juridictions autonomes. Cette autonomie devra être parachevée par une transformation de la chambre administrative de la Cour suprême en une juridiction autonome à l'instar du conseil d'État français, gabonais, ou encore burkinabè. Ainsi, le Tchad parviendra à mettre sur pied un véritable ordre juridictionnel administratif indépendant, dont le succès découlera de la spécialisation du personnel qui y est affecté.

CHAPITRE 2 : LE DÉFAUT DE SPÉCIALISATION DU PERSONNEL DES JURIDICTIONS ADMINISTRATIVES

Parler du personnel de la justice, c'est évoquer les divers agents qui servent dans les différents services de cette dernière. Ce sont des agents qui assurent, grâce à leur travail, le bon fonctionnement des services de la justice. En effet, le fonctionnement de toute juridiction nécessite que l'on mette à sa disposition un personnel suffisant quantitativement et qualitativement.

L'existence de la justice administrative s'explique par la nécessité de juger ou de faire contrôler l'activité de l'administration par des juges spécialistes. Dans le système de dualité d'ordres de juridictions, l'autonomie de la juridiction administrative, par rapport à celle judiciaire, ne s'observe pas simplement sur le plan de la compétence ou de la structure, mais également sur le plan du personnel. Le bon fonctionnement de la juridiction administrative est assujetti à l'existence d'un personnel spécialisé en contentieux administratif et remplissant correctement sa fonction. Le plus souvent, quand on parle de la justice, l'on voit toujours au premier plan les juges ou les magistrats. Or, ceux-ci ne sont pas les seules personnes qui assurent le fonctionnement d'une justice. Même s'il est vrai qu'ils sont considérés comme les acteurs principaux, du fait de leur fonction de juger, les magistrats sont entourés de plusieurs autres personnes qui les aident à trancher les différends. Ce personnel qu'on peut qualifier de secondaire joue pourtant, un rôle important dans la juridiction. Il s'agit, d'une part, du personnel des Greffes, notamment les greffiers et, d'autre part, des commissaires du gouvernement ou commissaire à la loi.

En France, une grande partie du personnel de la justice administrative est recrutée de l'École Nationale d'Administration (ENA). Au Tchad, les juridictions judiciaires et administratives partagent les agents ayant reçu une formation commune à l'École Nationale de Formation Judiciaire (ENFJ). Bien qu'il existe aussi des agents recrutés à tour extérieur[125] du fait de leur compétence pour assister les magistrats dans leur fonction, il n'existe pas une spécialisation en contentieux administratif proprement dite pour le personnel de la justice administrative. C'est le cas non seulement des magistrats **(Section 1)**, mais également pour les autres agents **(Section 2)**.

SECTION 1 : LE DÉFAUT DE SPÉCIALISATION DES MAGISTRATS

Au Tchad, les magistrats siégeant dans les juridictions administratives ne sont pas spécialisés en contentieux administratif. Ce manque de spécialisation est dû au fait qu'il n'existe pas au Tchad une différence entre les magistrats des juridictions administratives et judiciaires. Tous les magistrats reçoivent une formation purement judiciaire **(Paragraphe 1)**, ce qui peut entrainer des conséquences sur le bon fonctionnement de la justice administrative **(Paragraphe 2)**.

---

[125] Les recrutements à tour extérieur sont les modes de recrutement autres que la voie normale.

Paragraphe 1 : La non-spécialisation des magistrats en contentieux administratif

Au Tchad, il n'existe pas une formation spécifique en contentieux administratif pour les magistrats des juridictions administratives. Ces magistrats reçoivent tous, que ce soient pour les juridictions civiles, pénales ou administratives, une même formation. C'est à la fin de leur formation à l'ENFJ, qu'ils seront repartis, selon les besoins, dans les juridictions administratives ou judiciaires. Ce manque de spécialisation en contentieux administratif dès la formation (A), conduit à une difficile adaptation du magistrat dans la juridiction administrative (B).

A. La formation judiciaire des magistrats

Les magistrats siégeant dans les juridictions judiciaires et administratives au Tchad sont recrutés par concours et formés à l'École Nationale de Formation Judiciaire. Ils sont recrutés parmi les candidats titulaires d'une maitrise en droit[126]. Lors de la formation, aucune distinction n'est faite entre les magistrats des juridictions administratives et ceux des juridictions judiciaires. Cela étant dit, les futurs magistrats qui iront dans les chambres administratives reçoivent une formation purement en droit privé comme les magistrats des juridictions judiciaires. D'ailleurs aucun élève magistrat, c'est-à-dire encore en formation ne sait vers lesquelles des juridictions administratives ou judiciaires, il sera destiné. Ils sont formés tous pour exercer leur fonction dans un Tribunal ou une Cour, peu importe son domaine d'action. On dit qu'ils reçoivent une formation généraliste. Dans cette formation, l'on observe qu'il existe diverses matières relevant tantôt du droit public tantôt du droit privé avec, sans doute, un accent particulier pour les

[126] V. Art. 6 de l'ordonnance n°007/PR/2012, précitée.

matières de droit privé. C'est ainsi que, pour certains auteurs, parler des magistrats de l'ordre administratif au Tchad parait incompréhensible[127]. Il suffit, pour s'en convaincre, de jeter un regard sur la liste des matières enseignées aux futurs magistrats professionnels du Tchad :

1. Environnement institutionnel et judiciaire du magistrat ;
2. Éthique déontologique ;
3. Communication judiciaire ;
4. Écrit judiciaire ;
5. Logistique ;
6. Contentieux électoral ;
7. Contentieux économique et financier ;
8. Contentieux administratif ;
9. Contentieux social ;
10. Contentieux foncier ;
11. Contentieux commercial ;
12. Pratique de la justice civile ;
13. Pratique de la justice pénale ;
14. Pratique de la justice arabe.

À voir cette liste, il est évident que les magistrats qui sortent de l'ENFJ soient des magistrats ayant une meilleure maitrise du droit privé que du droit public. Interrogé sur la question de la formation offerte aux futurs magistrats à l'ENFJ, un magistrat tchadien affirme qu'il était bien difficile pour eux, lors de la formation de maitriser le droit public et le droit privé en même temps. Et l'observateur de poursuivre que cela facilitera la tâche au futur magistrat s'il connait déjà, dès sa formation vers quelle juridiction il sera orienté. Ce qui est tout à fait exact.

De toute évidence, il est très difficile de demander aux élèves magistrats de maitriser les règles de droit privé et en même temps celles du droit public. Certes, même en France,

---

[127] KARYO (C.), « Les entraves à l'efficacité de la justice administrative au Tchad », …*op.cit.* pp. 16-29.

il n'y a pas d'école spécialisée de formation des juges administratifs, mais les personnes qui officient comme tels ne connaissent pas des litiges entre particuliers[128]. Le système de recrutement des juges administratifs est très différent de celui des juges judiciaires. Ainsi, en France, les futurs juges administratifs suivent avec les futurs membres de l'administration les mêmes formations à l'École Nationale d'Administration. Le choix de la carrière à l'issue de la scolarité dépend, en effet, du rang de classement final qui permet d'opter pour les différents emplois proposés aux élèves de l'École en fonction du prestige et des rémunérations inégales attachés à ces fonctions. En entrant à l'ENA, nul n'a donc la certitude d'être juge, seuls les résultats de la scolarité pourront décider. Pourtant, les juges sortis de l'ENA reçoivent une bonne formation en droit et contentieux administratif. Ce qui ne semble pas être le cas au Tchad.

Cette absence de spécialisation des juges administratifs dès la formation conduit à une difficile adaptation au sein de la juridiction administrative.

B. La difficile adaptation des magistrats au sein de la juridiction administrative

Les magistrats formés à l'ENFJ, lorsqu'ils sont affectés dans les juridictions administratives, font souvent face à des difficultés d'adaptation. Ceux d'entre eux, notamment les plus chanceux, affectés dans les juridictions judiciaires, ont moins de difficultés parce qu'ils sont formés pour exercer dans ces juridictions. Cependant, ceux affectés dans les juridictions chargées du contentieux administratif devront se spécialiser sur le terrain. En effet, comme relevait le Professeur Célestin KEUTCHA TCHAPNGA, *« il est*

---

[128] KOUAM (S.P), « L'organisation juridictionnelle et la construction de l'État de droit au Cameroun », *op.cit.*, pp. 79-123.

impossible, sinon extrêmement difficile de demander aux mêmes hommes de maitriser les problèmes qui naissent en droit privé et en droit public »[129]. Il est donc extraordinaire pour un juriste, même s'il compte parmi les plus éminents, de maitriser parfaitement la matière juridique dans toutes ses dimensions[130]. Surtout que, l'esprit n'est pas toujours le même lorsqu'on passe d'une discipline ou d'une branche du droit à une autre. À la vérité, le droit administratif est un droit inégalitaire qui met en cause une administration détentrice des prérogatives de puissance publique et un particulier ne disposant d'aucun véritable pouvoir face à l'administration. Tandis que, le droit privé se caractérise par une égalité entre les parties, parce que ceux-ci sont soumis au même régime.

Il est donc connu, que le droit administratif est un droit spécifique par son esprit, ses règles et ses techniques. D'où l'exigence de spécialisation du magistrat qui assurerait alors une meilleure prise en compte des spécificités et certainement une meilleure garantie des intérêts des administrés. Le juge ayant reçu une formation judiciaire aura du mal à comprendre et maitriser ces spécificités, parce que *« n'ayant pas les connaissances suffisantes et la tournure d'esprit nécessaire pour trancher les litiges administratifs »*[131]. Ce juge ne pourra pas se défaire facilement de sa formation privatiste. L'on peut s'en convaincre en faisant l'autopsie de certaines décisions de la

---

129 KEUTCHA TCHAPNGA (C), *Le précis du contentieux administratif... op.cit.* p.34

130 V. l'exposé des motifs de la loi sénégalaise n°92-22 du 3 mai 1992, portant révision de la Constitution de 1992. On rejoint ainsi l'idée défendue autrefois par LAMPUE (P.) qui affirmait que *« pour appliquer un droit original, il est bon d'instituer un organe distinct et appliquant à cette tache toute son activité »,* V. notamment LAMPUE (P.), *La justice administrative dans les États francophones d'Afrique,* LDGJ, Paris, 1965, p.9.

131 KANDEM (J-C), *Contentieux administratif... op.cit.* pp. 57-58.

justice administrative tchadienne. Mais, on ne saurait logiquement en vouloir au juge qui ne peut pas faire au-delà de ce qu'il sait faire. Demander, au juge ayant reçu une formation judiciaire, de juger l'administration est comme demander à un médecin généraliste de faire une « opération de chirurgie cardiaque ». S'il y a de chance qu'il réussisse cette opération, la probabilité d'échouer est également grande.

Au-delà de la formation, un autre problème rendant difficile l'adaptation du magistrat est la mobilité de ce dernier d'une chambre (administrative, judiciaire) à une autre. En principe, les magistrats du siège sont inamovibles. C'est un principe consacré par la Constitution[132] et confirmé par des textes à valeur législative[133]. Mais pour les besoins du service, et avec le consentement de ces magistrats, ceux-ci peuvent se mouvoir d'une juridiction administrative à une juridiction judiciaire et inversement. Bien plus, même à l'intérieur d'une juridiction, par défaut d'effectif nécessaire, le président de la juridiction peut décider de la répartition des membres dans les différentes chambres ou encore désigner un magistrat pour compléter l'effectif d'une autre chambre[134]. Ce qui traduit le fait que les magistrats peuvent se retrouver dans telle ou telle autre chambre, selon le type du litige à régler. Cette mobilité n'est malheureusement pas de nature à favoriser la spécialisation du magistrat sur le terrain. Le magistrat qui a développé des connaissances en matière de contentieux administratif durant sa fonction dans une chambre administrative

---

[132] V. Art. 166 al. 2 de la Constitution Tchadienne de 2020.

[133] V. Art. 20 de l'Ordonnance N°007/PR/2012 portant statut de la magistrature au Tchad.

[134] Les président des Tribunaux de Grande Instance, les présidents des Cours d'appel, le premier président de la Cour suprême ont cette prérogative de départager les magistrats dans les différentes chambres des juridictions. V. Art 17, 18, 19 de la loi n°11/PR/2013, précitée ; et Art.28 de l'ordonnance n°015/PR/2018, précitée.

pourrait les perdre lorsqu'il se retrouve affecté dans les chambres judiciaires, puisqu'il doit à nouveau s'adapter. Si l'interchangeabilité des magistrats dans les chambres a le mérite de suppléer la carence en personnel, elle n'est pas pour autant un gage absolu d'efficacité. Il est risqué de demander au même magistrat d'être prêt à servir, à la fois, dans les juridictions administratives et judiciaires. L'adage est bien connu « qui trop embrasse, mal étreint ». Même un érudit pourrait s'égarer, parfois inconsciemment.

Il est vrai que l'État tchadien pour résoudre le problème du manque de spécialisation des juges administratifs organise des formations à l'égard de ceux-ci. Certains magistrats peuvent bénéficier des formations en continu pour améliorer leur capacité en contentieux administratif. Mais la rareté de ces formations n'avantage pas les choses. En sus de cela, même lorsque ces formations sont ouvertes, juste un nombre très limité des magistrats est appelé à y participer. Il y a bien lieu de dire que les formations et séminaires en contentieux administratif paraissent insuffisants pour spécialiser les juges siégeant dans la juridiction administrative. Cette absence de spécialisation des magistrats n'est pas sans conséquence.

Paragraphe 2 : Les conséquences de la non-spécialisation des magistrats

Le rôle du juge administratif n'est pas seulement d'assurer le règlement des litiges ; il doit aussi contribuer au développement du droit administratif. En ce sens, le Professeur Yves GAUDEMET affirmait, pertinemment, que *« le juge administratif exerce simultanément une double mission : celle, immédiate, de donner leur solution aux différents litiges qu'on lui soumet ; et celle, occasionnelle, de participer à la création des règles du droit positif »*[135]. De ce fait, l'absence de spécialisation des magistrats en contentieux administratif est susceptible d'engendrer des conséquences tant sur l'efficacité du contrôle juridictionnel (A) que sur le développement du droit administratif (B).

A. Les conséquences sur l'efficacité du contrôle juridictionnel

À la question de savoir ce qu'est une justice qui fonctionne bien ? Alain MARION répond que c'est *« une justice cohérente et efficace »*[136]. Une justice dont les décisions ne sont pas cohérentes et efficaces est donc une justice en état de dysfonctionnement. On entend par efficacité, le fait d'obtenir le résultat souhaité ou attendu. L'efficacité des décisions d'une justice peut se mesurer par la qualité que ces dernières auront. Ainsi, une justice est inefficace si les décisions qu'elle rend ne sont pas de qualité ou sont incohérentes. Pourtant, l'absence de spécialisation des magistrats en contentieux administratif pourrait impacter sur l'efficacité du contrôle de l'administration.

Il est souvent reconnu, qu'« à un juge spécial, un droit spécial ». Cet adage permettrait de garantir la qualité des décisions rendues. Les juges non-spécialistes des juridictions administratives risqueraient alors d'exercer un contrôle inefficace sur l'administration du fait de la non-maitrise du contentieux administratif. Cette suspicion pèserait moins sur les juges spécialistes du contentieux administratif. Pour juger l'administration avec efficacité, il faut la connaitre et le juge administratif spécialiste est

---

135 GAUDEMET (Y.), *Les Méthodes du juge administratif*, LGDJ, 2014, p. 11

136 MARION (A.), « Du mauvais fonctionnement de la juridiction administrative et de quelques moyens d'y remédier », *Pouvoir*, n° 46, 1988, pp. 21-34.

supposé bien la connaitre. Il est supposé disposer de connaissances approfondies des usages et techniques de l'administration active et du contentieux administratif. Ce postulat défendu par le doyen René CHAPUS qui note que, *« pour mieux juger l'administration, il faut bien la connaitre »*[137], est curieusement contesté par certains auteurs qui estiment que, *« l'on devait cesser de dire ou de laisser croire que bien juger l'administration implique de la connaitre. Par analogie, un juge d'application des peines n'a jamais été en détention et un juge aux affaires familiales peut être célibataire et n'exercer lui-même aucune autorité parentale »*[138]. Au-delà de la controverse, ce qui est constant, c'est que les spécificités du droit administratif peuvent échapper au juge non spécialiste.

Cette réalité est à prendre au sérieux dans le contexte tchadien ou la formation des juges dans l'ensemble peut être questionnée au regard de la qualité de certaines décisions rendues, notamment en matière administrative. Par exemple, dans l'affaire *D.L et 9 autres*[139], les requérants ont introduit une requête contre une décision du ministre de l'Intérieur. La décision attaquée nommait un chef de canton, alors que les textes prévoyaient que les chefs des cantons soient élus. La décision du juge dans cette affaire est surprenante et crée une confusion manifeste. Après avoir déclaré la requête recevable, il rend une décision d'irrecevabilité. Comme s'interrogeait M. Allah-Adoumbeye DJIMADOUMNGAR, *« s'agit-il d'une contradiction manifestement voulue afin de dire du*

---

137 CHAPUS (R.), « L'administration et son juge, ce qui change », *EDCE*, n° 43, 1991, La Documentation française, pp. 259-276

138 Voir à ce propos, CASSIA (P.), « Pour les magistrats administratifs en tenue civile », *AJPA*, n° 26, 2012, p. 849, Cité par MOMO (C.), « L'évolution du modèle de justice administrative en Afrique subsaharienne francophone » … *op.cit.* p. 352.

139 Objet du jugement n° 019/CS/CA/SC/2010 du 14 Juillet 2010, affaire D.L et 9 autres c/ État Tchadien.

nouveau droit à la tchadienne ? (...) s'agit-il d'une simple erreur de droit ou de langage juridique ? (...) »[140]. En tout cas, une telle « contradiction moelleuse » amène à s'interroger sur les connaissances du juge administratif, qui semble avoir évité d'examiner l'affaire en profondeur.

Les juridictions administratives ont donc besoin d'un personnel de qualité pour jouer efficacement le rôle qui est le sien. Le Professeur Roger Gabriel NLEP affirmait, dans le même sens, que *« la parfaite formation juridique des hommes appelés à animer ces différentes structures est une condition sine qua non de cette efficacité »*[141]. Et le Professeur Célestin KEUTCHA TCHAPNGA de renchérir que,*« ne pouvant valablement manier certains concepts du droit public comme l'excès de pouvoir, l'acte préparatoire, l'ordre public, les juges judiciaires sont portés à prendre soit des décisions brutales ou tatillonnes (...), soit à se réfugier dans des solutions de facilité en appliquant aux litiges administratifs les règles de droit privé (...) soit encore à se comporter comme un allié de l'administration ou un complice (...) »*[142].

Les juges privatistes, affectés dans les juridictions administratives, se contentent parfois des solutions de facilité. Au lieu d'analyser en profondeur une affaire, ils décident souvent de se réfugier derrière les décisions du juge français ou d'un autre pays. Ces décisions qui sont pourtant prises dans des contextes très différents ne sont pas forcément applicables dans le contexte tchadien. Certes, il

---

[140] Allah-Adoumbeye DJIMADOUMNGAR, Note sous Cour suprême. Chambre administrative, Arrêt n° 019 du 14 juillet 2010, Affaire D.L et 9 autres c/ Etat Tchadien, *Revue Juridique Tchadienne*, n°27, Mars 2017, pp. 13-15.

[141] NLEP (R.G.), « Le juge de l'administration et les normes internes constitutionnelles ou infra constitutionnelles en matière des droits fondamentaux », *SOLON*, vol. 1, n°1, 1999, pp. 135-149

[142] KEUTCHA TCHAPNGA (C.), *Le précis du contentieux administratif... op.cit.* p. 34 et s.

est judicieux de s'inspirer de la jurisprudence des autres pays. Mais, il faut le faire en restant dans la perspective du développement d'une jurisprudence nationale qui pourrait, pourquoi pas, inspirer également d'autres pays. Même les décisions du juge administratif français qui influencent régulièrement celles des juges des États africains ne sont pas toujours parfaites. Les juges sont des humains, avec leurs qualités et leurs défauts, leurs forces et leurs faiblesses et donc susceptibles de se tromper. C'est d'ailleurs pourquoi on a souvent assisté, par exemple, à des revirements jurisprudentiels[143].

La non-spécialisation des juges a également des conséquences sur le développement du droit administratif.

B. Les conséquences sur le développement du droit administratif

La réalisation de la justice repose sur les pouvoirs et les devoirs du juge. Il doit apporter une réponse adéquate à une demande juridiquement fondée dont il est saisi, en fonction des moyens soulevés par les parties[144]. En outre, le juge, par ses décisions, peut contribuer au développement et à la compréhension du droit. L'on évoque d'ailleurs régulièrement la fonction normative du juge qui lui permet alors de se comporter comme un législateur, et donc

---

143 Voir à ce propos, LE BERRE (H.), « Les revirements de jurisprudence en droit Administratif de L'an VIII à 1998 (Conseil D'État Et Tribunal Des Conflits) », in *Revue Internationale de Droit comparé* 51.4 (1999): 1188-189, accessible dans la bibliothèque en ligne : https://catalogue-archipel.univ-toulouse.fr consulté le 17/06/2021 à 14h 22 mn.

144 LAFAIX (J-F.), avec la collaboration de France Cour administrative d'appel Nancy, et l'Institut de Recherches sur l'Evolution de la Nation et de L'État Nancy. *Le Renouvellement De L'office Du Juge Administratif*. Boulogne-Billancourt : Berger-Levrault, 2017, p.21

d'élaborer le droit[145]. C'est en usant de cette marge de manœuvre que le juge administratif français a développé, au fil des années, le droit administratif. L'ordonnancement du droit administratif a reposé, largement, sur les « épaules » de ce juge, notamment le Conseil d'État français qui en est le principal architecte. C'est ce juge administratif qui a dégagé les grands principes du droit administratif qui ont fondé les matières telles que le droit de service public, le droit des contrats administratifs, le droit de la responsabilité administrative, etc. C'est pourquoi d'ailleurs, le droit administratif français est considéré comme un droit fortement jurisprudentiel.

Contrairement au droit administratif français qui est, comme on vient de le souligner, fortement jurisprudentiel, le droit administratif dans les États d'Afrique francophone est considéré comme fortement légiféré. Il n'en demeure pas moins vrai que le juge administratif dans ces États doit participer au développement de ce droit. Or, lorsque les juges qui sont censés assurer le développement du droit administratif ne sont pas des spécialistes de la matière, il n'y a pas une grande chance que ce droit progresse. Ce qui amène la doctrine à constater que si l'autonomie du droit administratif n'a pas disparu, elle tend néanmoins à s'affaiblir et elle est même menacée, car le juge, dans son rôle normatif, est parfois handicapé pour connaitre des litiges administratifs du fait de sa formation judiciaire[146].

---

[145] GAUDEMET (Y.), « L'avenir de la juridiction administrative »… op. cit. p. 511.

[146] V. NGOLE NGWESE (P.) et BINYOUM (J.), *Élément du contentieux administratif Camerounais*, Harmattan, 2010, pp. 45-62 ; MOUDOUDOU (P.), *Droit administratif Congolais,* Harmattan, Paris, 2003, p. 96.

La formation et le développement du droit administratif dépendent de la qualité des décisions qui sont rendues par le juge ou tout simplement de la jurisprudence. C'est justement à ce titre que M. Jean Calvin ABA'OYONO affirme que *« la jurisprudence est (...) au centre même de la formation du droit administratif. C'est le juge administratif qui le crée, en usant de son pouvoir normateur, aussi bien à l'aube de sa gestation en dehors du moule du droit civil que dans la vicissitude que connait aujourd'hui la rédaction défectueuse des lois et règlements »*[147]. Or, le juge de formation privatiste, ne maitrisant pas toujours le sujet, pourrait prendre des décisions en zigzaguant et ne pas parvenir à tracer finalement une jurisprudence administrative cohérente et originale. Pourtant, c'est à lui que revient la tâche d'éclaireur du droit dans des situations complexes.

Le fait de confier l'application du droit administratif aux juges judiciaires ne serait donc pas une garantie de l'évolution ou du développement de ce droit. Les doyens Jean RIVERO et Jean WALINE écrivaient à ce sujet que *« si la juridiction administrative a survécu, ce n'est pas seulement par la force d'une tradition, c'est parce qu'aux raisons qui expliquaient sa création, se sont substitués pour justifier son maintien, de nouvelles raisons qu'elle a créées elle-même. On sait déjà quelle part lui revient dans l'élaboration d'un droit administratif autonome et original. Les caractères particuliers de ce droit permettent de penser que les tribunaux judiciaires seraient mal préparés à l'appliquer et à en poursuivre le développement. Très informés des réalités, les juges de l'administration savent jusqu'où ils peuvent aller dans le contrôle qu'ils lui imposent (...) Les juges ordinaires, moins informés,*

---

[147] ABA'A OYONO (J-C), « Chronique du grain de sable dans la fluidité jurisprudentielle à la chambre administrative du Cameroun », ...op.cit., p. 63.

risqueraient d'être, beaucoup plus souvent, soit trop réservés, soit sévères mal à propos »[148]. C'est en partant dans la même logique que le Professeur Alain BOCKEL déplorait que *« ce sont les magistrats de l'ordre judiciaire, formés uniquement en vue de leur mission principale, consacrant l'essentiel de leur temps à l'activité des juridictions judiciaires, qui vont accessoirement se prononcer sur les problèmes parfois importants et délicats de droit administratif. Or, l'on sait l'importance de la jurisprudence dans la formation et le développement de ce droit. (...) L'on peut s'en rendre compte, et quelques solutions le prouvent nettement, que les juges ne peuvent se défaire de leur formation. L'on peut légitimement penser que la pureté du droit administratif s'en ressentira »*[149]. Ces développements montrent tout l'intérêt qu'il y'aurait, pour le bien du droit administratif, de faire contrôler l'administration par des juges spéciaux, plutôt que par des juges judiciaires.

Les magistrats ne sont pas, cependant, les seuls à exercer les fonctions dans une juridiction, d'autres personnes jouent aussi un rôle important, leur spécialisation ou non peut aussi entrainer des répercussions sur le fonctionnement de la juridiction.

---

[148] RIVERO (J.) et WALINE (J.), *Droit administratif... op.cit.* p. 140 et s.

[149]BOCKEL (A.), *L'administration publique Camerounaise*, E.A, 11AP, Paris, Berger-Levrault, 1971, p.14.

SECTION 2 : L'ABSENCE DE SPÉCIALISATION DES AUTRES PERSONNELS DES JURIDICTIONS ADMINISTRATIVES

Plusieurs autres personnes interviennent dans le bon fonctionnement de la justice administrative. Parmi ces personnes qui facilitent la tâche au juge dans le cadre du procès administratif, l'on peut retenir deux (2) catégories : les greffiers et les commissaires du gouvernement. Il est judicieux d'aborder la question de l'absence de spécialisation du personnel des Greffes **(Paragraphe 1)**, puis celle de la relative spécialisation des commissaires du gouvernement **(Paragraphe 2)**.

Paragraphe 1 : L'absence de spécialisation du personnel des Greffes

L'absence de spécialisation des greffiers se justifie par le fait que ces derniers reçoivent une formation essentiellement privatiste (A). Cette absence de spécialisation peut entrainer des conséquences sur le bon fonctionnement de la justice administrative (B).

A. La non-spécialisation des greffiers

Le fonctionnement d'une juridiction ne suppose pas seulement la réunion d'un certain nombre de magistrats ou des juges. Il y a des activités qui doivent être confiées au personnel spécifique que constitue la catégorie des greffiers. Il est nécessaire de rappeler le rôle que jouent les greffiers dans les juridictions administratives avant d'évoquer la situation de l'absence de leur spécialisation en contentieux administratif. En effet, le greffier qu'il soit d'une juridiction administrative ou judiciaire exerce une double fonction : Il assiste d'une part, les juges dans leurs fonctions et d'autre part, les justiciables. Lorsqu'il est chargé d'assister le juge dans l'exercice de ses fonctions, il doit être présent dans toutes les audiences, c'est lui qui se charge de dactylographier, de conserver les minutes des jugements et de notifier la décision du juge aux parties. Quant à son rôle d'assistance des justiciables, le greffier contribue à l'accès au juge, car sont déposées devant lui les requêtes pour la saisine de la juridiction. Les requêtes étant déposées, c'est le greffier qui procède à l'enrôlement de l'affaire et assure également le rôle d'intermédiaire entre le justiciable et le juge. La procédure administrative contentieuse, étant essentiellement écrite, il lui revient d'assurer les échanges des dossiers, notamment entre les parties.

Contrairement à la France où les futurs greffiers sont formés à l'ENA, au Tchad, ils sont formés comme les juges judiciaires à l'ENFJ. Comme celle des magistrats, la formation reçue par les greffiers est aussi purement judiciaire. On note un déficit de formation dans les matières relevant du droit administratif. L'on a l'impression que les futurs greffiers en formation sont destinés uniquement aux secrétariats des Greffes des juridictions judiciaires. Pourtant, à la fin de leur formation, ils sont repartis dans les différentes juridictions. Si en France, les greffiers des juridictions administratives sont formés à l'ENA, c'est bien pour donner une base de connaissance solide en droit administratif à ces derniers afin de faciliter leur fonction.

Il est vrai que le législateur tchadien a pensé résoudre le problème de spécialisation des greffiers par des formations en continu. Ainsi, au titre de la loi n°10/PR/2006 portant statut particulier du personnel des Greffes au Tchad, *« la formation professionnelle en continu est assurée par des cours ou stages soit de perfectionnement, soit de spécialisation »*[150]. À la lecture de cette disposition, l'on peut estimer que pour des nécessités de perfectionnement ou de spécialisation, le personnel des Greffes peut bénéficier de certaines formations en continu. Bien qu'il s'agisse d'une piste de solution au problème, tel n'est pas encore le cas pour deux (2) raisons : *primo*, les formations en continu sont quasi inexistantes et *secundo*, même si elles sont ouvertes, il est difficile de spécialiser les greffiers avec des formations d'une durée souvent très limitée.

Cette non-spécialisation des greffiers des juridictions administratives est susceptible d'entrainer des conséquences.

B. Les conséquences de la non-spécialisation des greffiers

À première vue, l'on pourrait penser que la spécialisation des greffiers en contentieux administratif n'aurait aucun intérêt du fait que ceux-ci n'exercent pas la fonction de « juger ». L'on pourrait penser que du fait de leur rôle qui consiste à tenir la plume lors des audiences, il ne serait pas nécessaire de les spécialiser. Cette pensée primaire est trompeuse et minimise le rôle des greffiers, car en réalité, la non-spécialisation des greffiers peut entrainer des conséquences sérieuses.

Tout d'abord, les greffiers ayant de connaissances nécessaires en contentieux administratif peut jouer le rôle de facilitateur de l'accès à la justice aux particuliers. Très souvent, les plaideurs n'ont pas de connaissances particulières en droit et ne connaissent pas certaines procédures. Il arrive même parfois que les plaideurs ne sachent pas laquelle des deux (2) juridictions administrative ou judiciaire est compétente pour trancher le litige

---

[150] V. Art. 45 de loi n°10/PR/2006 portant statut particulier du personnel des Greffes au Tchad.

l'opposant à l'administration. Étant donné que le ministère d'avocat n'est pas à la portée de tout plaideur quelques fois pour des raisons financières, le plaideur peut se rapprocher du greffe de la juridiction pour avoir des renseignements. Or, le greffier n'ayant pas une formation appropriée en droit administratif, ne maitrisant pas les règles de répartition de compétence pourrait induire en erreur le plaideur. Bien que le rôle principal du greffier ne soit pas de « jouer à l'agent de renseignements », celui-ci peut bien orienter les requérants. Pour la simple raison qu'il est le premier à être en contact avec les éventuels plaideurs. Justement à propos, il n'est pas fortuit que le Professeur Maurice KAMTO écrive qu'en cas de doute sur la juridiction à saisir, et à défaut d'un ministère d'avocat, le plaideur doit se renseigner auprès des greffes des tribunaux[151]. Un exemple pour illustrer les propos de l'auteur : À supposer qu'un Monsieur X veut saisir une juridiction pour obtenir réparation d'un préjudice subi par lui du fait de l'écroulement du mur d'un édifice public. Monsieur X n'ayant aucune notion de droit, il pourrait se rapprocher du greffe de la juridiction administrative pour des renseignements sur le juge compétent pour trancher un tel litige.

Le greffier spécialiste saura sans doute qu'il s'agit d'un recours indemnitaire ou en responsabilité que le requérant voudrait intenter, de ce fait, il l'orientera et lui dira les pièces à fournir pour saisir le juge. Or, le greffier non-spécialiste pourrait mal orienter le plaideur, ou le renvoyer vers un avocat. L'avantage d'avoir un greffier spécialiste ouvrirait la porte d'accès de la justice aux plaideurs, alors que le contraire la refermerait.

Une autre conséquence de la non-spécialisation du greffier serait la non-maitrise des termes parfois techniques du droit administratif. Pour mieux maitriser ce droit, il faut

---

[151] KAMTO (M.), *Droit administratif processuel …op.cit.* p. 25

une certaine connaissance acquise durant une formation précise. Or, le greffier de formation judiciaire, ayant davantage une connaissance des termes issus du droit privé, serait constamment en difficulté quand il tiendra la plume lors des audiences de contentieux administratif. Il est vrai que le greffier, même de formation judiciaire ayant passé du temps dans une juridiction administrative s'y habituera ; mais pour y parvenir, il fera beaucoup d'erreurs dans la reproduction exacte des termes employés par le juge administratif. Surtout quand l'on sait que le diplôme requis pour l'entrée à l'ENFJ, la section greffier est le baccalauréat. Autrement dit, ceux-ci n'ont pas souvent des notions du droit avant d'intégrer la formation[152]. Et la durée de leur formation n'est que de deux (2) ans.

De toute évidence, le greffier qui n'a aucune notion en droit administratif ne pourra exercer avec aisance ses fonctions dans une juridiction administrative. Alors que le bon fonctionnement de cette juridiction nécessite des greffiers spécialisés en contentieux administratif, qui remplissent correctement leur fonction. La France en recrutant le personnel des Greffes des tribunaux administratifs, des Cours d'appel administratives et du Conseil d'État à l'ENA, semble avoir compris les enjeux d'une bonne maitrise du droit de l'administration par ces derniers. Le Gabon semble l'avoir aussi compris depuis quelques années déjà. Le Tchad pourrait suivre ces exemples pour permettre aux greffiers d'exercer leur fonction avec aisance, pour une meilleure efficacité de la justice administrative. Ceci est d'autant nécessaire que les greffiers ne sont pas que de simples secrétaires de justice, mais ils sont le secret de la justice. Ils sont la porte d'entrée et de sortie de la justice. Mais ils ne sont pas les seuls. Les

[152] Mais il est tout aussi vrai que dans la pratique, l'on voit qu'il y a bon nombre de candidats ayant un DEUG ou une Licence en droit qui passe le concours pour être greffier.

commissaires du gouvernement jouent également un rôle non négligeable dans la juridiction administrative.

Paragraphe 2 : La non-spécialisation de certains commissaires du gouvernement

Les commissaires du gouvernement font partie de la formation des jugements. Ils exercent un rôle important dans les juridictions administratives. Au Tchad, ce personnel, encore dénommé par le législateur « commissaire à la loi » est choisi soit parmi les magistrats professionnels, soit parmi les spécialistes des questions administratives[153]. Lorsque ceux-ci sont choisis parmi les spécialistes du droit administratif, le problème de leur formation ne se pose pas. Mais le choix des commissaires du gouvernement parmi les magistrats de formation judiciaire pose un problème de spécialisation (A), ce qui n'est pas sans conséquence sur la justice administrative (B).

A. Les commissaires du gouvernement de formation judiciaire

Longtemps critiqués pour cette appellation qui laisse imaginer qu'ils sont les représentants du Gouvernement, les commissaires du gouvernement ne représentent pas le Gouvernement comme on l'aurait pensé autrefois[154].

---

[153] Art. 4 de la loi n°012/PR/2013, précitée.

[154] Il est certain qu'à l'origine, les commissaires du gouvernement représentaient l'État devant le Conseil d'État français statuant au contentieux, mais l'institution du commissaire du gouvernement a évolué dans un autre sens. Aujourd'hui, ces derniers ne sont plus les représentants de l'État, mais ils sont les représentants de la légalité, c'est-à-dire de la loi. V. SAUVEL (T.), *Les origines des commissaires du gouvernement auprès du conseil statuant au contentieux*, RDP, 1949, p.5 et s. ; V. aussi GUILLIEN (R.), *Les commissaires du gouvernement près les juridictions administratives,* RDP, 1955, p. 281 et s.

D'ailleurs, le Gouvernement ne peut pas donner des instructions à ces derniers, car ils *« parlent librement selon leur conscience et proposent une solution en se plaçant uniquement au point de vue du respect du droit »*[155]. C'est peut-être pour éviter cette confusion que prête la dénomination que le législateur tchadien de 2013 a préféré désigner les commissaires du gouvernement sous le vocable de « commissaire à la loi », dont il convient de rappeler le rôle. En effet, les commissaires à la loi sont les membres de la formation de jugement, temporairement chargés de proposer à leurs collègues, en toute indépendance, la solution juridique que leur parait appeler le litige soumis à la juridiction, sous la forme des « conclusions ».

L'indépendance des commissaires à la loi a été consacrée depuis 1957 par le Conseil d'État par l'arrêt *Gervaise*[156]. Au Tchad, il a été consacré législativement par la loi n°012/PR/2013 qui dispose que lors des audiences, le commissaire à la loi *« expose en toute indépendance, les questions de fait et de droit que présente à juger chaque affaire et fait connaitre son opinion sur les solutions à donner au litige »*[157]. Certes, le commissaire à la loi fait partie de la formation de jugement, mais lors des délibérations, son absence est exigée. Il faut aussi dire que les juges ne sont pas obligés de suivre les conclusions du commissaire à la loi. Celui-ci peut aussi, parfois, se tromper

---

155 PEISER (G.), *Contentieux administratif… op.cit.* p. 13.

156 Le juge français dans sa décision du 10 juillet 1957, Affaire Gervaise déclare que *« le commissaire du gouvernement près le Conseil de contentieux n'est pas le représentants de l'administration ; (...) il a pour mission d'exposer au Conseil des questions que présente à juger chaque recours contentieux et de faire connaitre, en formulant en toute indépendance ses conclusions, son appréciation, qui doit être impartiale, sur les circonstances des faits de l'espèce et les règles de droit applicables ainsi que son opinion sur les solutions qu'appelle, suivant sa conscience, les litiges soumis à la juridiction »*.

157 V. Art. 3 de la loi n°012/PR/2013, précitée.

et s'écarter du droit. Mais, en France par exemple, où les commissaires du gouvernement sont choisis parmi de brillants magistrats de l'ordre administratif ou des enseignants ayant une bonne connaissance du droit administratif, les juges suivent pour la plupart des cas les solutions proposées par ces derniers.

Au Tchad, la non-spécialisation de certains commissaires à la loi s'explique par le fait qu'ils sont choisis parmi les magistrats. Or, comme l'on a pu le relever précédemment, au Tchad, il n'existe pas des magistrats formés spécialement pour le contentieux administratif. Par conséquent, le choix des commissaires à la loi, fait parmi les magistrats, en principe, formés pour exercer dans les juridictions judiciaires, parait curieux. Le commissaire à la loi doit être une personne qui maitrise le contentieux administratif, parce qu'il est appelé à proposer de solutions au litige soumis à la juridiction administrative. Dans le cas contraire, la justice administrative pourrait se trouver menacée.

B. Les conséquences de la non-spécialisation des commissaires du gouvernement

Le manque de spécialisation de certains commissaires du gouvernement peut entrainer des conséquences sur la décision du juge. Dans chaque affaire, un commissaire du gouvernement expose son point de vue sur la solution à donner conformément au droit. Son intervention peut donc influencer négativement ou positivement la décision du juge. Elle (l'intervention) peut influencer positivement quand elle est effectivement conforme au droit, en revanche, elle est négative si elle est contraire au droit, puisque le juge pourrait être induit en erreur. Il est vrai que les « conclusions » des commissaires du gouvernement ne sont que des « avis » que la formation de jugement n'est nullement tenue de suivre ; les présidents des formations de jugement le rappellent d'ailleurs souvent. Mais, en toute clarté, l'on ne peut ignorer les enjeux de ces « conclusions ». Lorsque l'on fait une rétrospective sur les anciennes jurisprudences qui ont fondé l'essence du droit administratif en France, par exemple, l'on remarque que *« le rôle dogmatique et scientifique des commissaires du gouvernement est considérable »*[158]. Toute l'évolution de la jurisprudence administrative du XIX jusqu'au XXIe siècle peut être suivie à travers les conclusions des commissaires du gouvernement comme David, Le Vavasseur de PRECOURT, Léon BLUM, Jean ROMIEU, etc. Ces commissaires du gouvernement, réputés pour la clarté et la rigueur juridique de leurs conclusions, ont souvent influencé de manière positive les arrêts du juge administratif français. Or, l'absence d'une spécialisation des commissaires du gouvernement est susceptible d'avoir des répercussions sur la qualité de la décision du juge et, par conséquent, n'avantagera pas le développement d'un droit administratif « sain ».

Les commissaires du gouvernement seront toujours, sans doute, influencés par leur formation de privatiste. Ils pourraient parfois donner des solutions inappropriées, par exemple de droit privé, à des affaires soumises à la juridiction administrative. Les juges ayant eux aussi une formation purement judiciaire seront tentés de suivre les conclusions émises par le commissaire du gouvernement. Ainsi, au lieu d'apporter une solution de droit public à un litige administratif, la formation de jugement ayant suivi les solutions de commissaire du gouvernement influencé par sa formation privatiste, rendra une décision en se basant sur le droit privé et non sur le droit administratif. Cette décision créera, peut-être, des préjudices soit à l'administration, soit à l'administré.

---

[158] AUBY (J-M) et DRAGO (R.), *Traité de contentieux administratif…* op.cit., p. 262

Le manque de spécialisation des commissaires du gouvernement peut donc entrainer des conséquences sur le développement du droit administratif. Le droit dans sa généralité est en perpétuelle évolution, le droit administratif aussi. Le commissaire du gouvernement doit être capable de s'adapter et d'apporter de solutions meilleures aux problèmes de droit pour lesquelles les juridictions sont saisies. Pour y parvenir, il doit, bien évidemment, avoir la formation nécessaire. Le commissaire du gouvernement en tant qu'éclaireur du juge doit être un spécialiste du droit administratif. D'ailleurs, il n'est pas fortuit de voir qu'en France, le recrutement des commissaires du gouvernement se fait souvent soit parmi les hauts magistrats de l'ordre administratif, soit parmi les éminents théoriciens du droit administratif.

CONCLUSION DU SECOND CHAPITRE

En somme, le personnel en service au sein des juridictions administratives est dans l'ensemble le même que celui des juridictions judiciaires. L'absence de spécialisation du personnel des juridictions administratives se justifie alors par le fait que celui-ci n'a pas fait l'objet d'une formation spécifique et séparée en droit et contentieux administratif. Les magistrats, en tant qu'acteurs principaux des juridictions administratives, ayant reçu une formation essentiellement judiciaire, ne sont pas suffisamment armés pour l'application du droit administratif. À côté des principaux acteurs, les acteurs secondaires que sont les greffiers et commissaires du gouvernement ne bénéficient pas non plus d'une spécialisation. Pourtant, l'avantage de la spécialisation est de permettre une meilleure appréhension des problèmes posés par l'exercice de la puissance publique sans pour autant mettre en péril les intérêts des particuliers. La spécialisation permet de faire juger les litiges administratifs par des spécialistes, c'est-à-dire des personnes spécialement formées pour ce type de contentieux. Seule la spécialisation du personnel des juridictions administratives permettra de renforcer l'efficacité du contrôle de la juridiction sur l'administration et assurera, un meilleur développement du droit administratif. Si aujourd'hui, les pays comme la France ou le Gabon sont parvenus à instituer une véritable justice administrative qui répond aux attentes des justiciables, c'est bien par le concours d'un personnel qualifié et spécialisé.

CONCLUSION DE LA PREMIÈRE PARTIE

L'existence d'un seul ordre de juridictions, dominé par la justice judiciaire, ne permet pas d'affirmer que la spécialisation de la justice administrative est effective sur le plan organique. Les juridictions administratives ne sont pas indépendantes sur le plan organique, des juridictions judiciaires. Cela s'explique par le fait que d'une part, les juridictions administratives au Tchad ne disposent pas d'une structure propre à elles ; et d'autre part, le personnel qui siège dans lesdites juridictions n'est pas spécialisé en droit et contentieux administratif. Même s'il est vrai que l'unité organique ne supprime pas la répartition matérielle des compétences et les spécificités des procédures entre juridictions judiciaires et administratives, celle-ci ne garantit pas une meilleure spécialisation à la justice administrative.

Le choix de la dualité de contentieux fait par le législateur tchadien devrait passer par une autonomisation de la justice administrative sur le plan organique, c'est-à-dire en confiant le contentieux administratif à des juridictions autonomes ayant leur propre structure et personnel. Malheureusement, tel n'est pas le cas. Même si le choix de cette unicité semble se justifier par la carence du personnel pouvant siéger dans les juridictions administratives, ainsi que par la nécessité de simplifier la justice et faire une économie de moyens, un tel système présente tant d'inconvénients. *Primo*, l'absence d'autonomie structurelle des juridictions administratives ne leur permet pas d'avoir des organes propres à elles pour jouer efficacement leur rôle, ce qui entraine une lenteur dans la procédure contentieuse. *Secundo*, les agents qui officient dans les juridictions administratives, n'étant pas des spécialistes en droit et contentieux administratif, ne peuvent effectuer un contrôle efficace sur l'administration et ainsi permettre un meilleur développement du droit administratif. C'est pourquoi le Tchad devrait repenser l'organisation de la justice administrative en créant des structures propres à celles-ci et en formant un personnel spécialisé pour y siéger. C'est cette spécialisation qui permettra au juge administratif de jouer efficacement son rôle dans la consolidation de l'État de droit ; ce rôle qui est bien distinct de celui du juge judiciaire.

SECONDE PARTIE : UNE SPÉCIALISATION EFFECTIVE SUR LE PLAN FONCTIONNEL

Les citoyens doivent être protégés de l'arbitraire de l'administration, naturellement omnipotente. L'existence d'un contrôle efficace de l'administration est la condition *sine qua non* de la reconnaissance de la légalité et même de la légitimité de ses actions. Une administration qui échapperait au contrôle des juges aurait du mal à asseoir cette légitimité. On dira alors d'elle, certainement, qu'elle est arbitraire, et c'est l'équilibre de l'État de droit dans l'ensemble qui serait remis en cause.

En effet, si le contrôle juridictionnel de l'administration[159] peut s'effectuer par des juridictions ordinaires comme dans les pays de common law le font, il en résulte que dans le système de dualité d'ordre de juridiction, ce contrôle est confié à des juridictions spécifiques qui ont une compétence et une procédure propres à elles. La dualité de juridictions, telle que développée par la France, implique l'existence des juridictions administratives appliquant un droit spécial dans les litiges mettant en cause l'administration. Le système juridictionnel du Tchad, au-delà d'une certaine unité organique ci-dessus démontrée, a fait le choix de confier les litiges administratifs à des juridictions spéciales, qui observent une procédure propre à elles. Ainsi au Tchad, la spécialisation des juridictions administratives sur le plan fonctionnel est reconnue, car non seulement celles-ci ont une compétence spécifique en contentieux administratif **(Chapitre 1)**, mais observent également une procédure différente de celle devant les juridictions judiciaires **(Chapitre 2).**

---

[159] Voir à ce sujet HOTI (P.) et HOXHAJ (E.), « L'existence d'ordres juridictionnels comme forme de spécialisation de la justice », *In Global Journal of Arts Humanity and Social Science,* vol. 3, n°1, janvier 2015, pp. 39-50.

CHAPITRE 1 : LA DÉTERMINATION DES COMPÉTENCES DES JURIDICTIONS ADMINISTRATIVES

La compétence juridictionnelle est l'aptitude juridique d'une juridiction à connaitre des litiges déterminés[160]. Dans les systèmes où se côtoient plusieurs juridictions, le problème de délimitation des compétences est parfois difficile à résoudre. Ces difficultés s'expliquent d'une part, par le fait que tous les litiges impliquant l'administration ne relèvent pas de la compétence du juge administratif[161] ; d'autre part, le juge administratif peut être compétent pour connaitre des litiges n'impliquant pas directement l'administration[162]. Dès lors, la délimitation de l'étendue des compétences entre les juridictions administratives et judiciaires devient un exercice complexe.

---

160 AUBY (J-M.) et DRAGO (R.), *Traité de contentieux administratif*, 3e éd., Paris, Tome 1er, LGDJ, 1984, p.363.

161 C'est, par exemple, l'hypothèse dans laquelle l'administration agit comme une personne privée. Dans ce cas, c'est le juge judiciaire qui serait compétent en cas de litige.

162 Dans cette hypothèse, le juge administratif est compétent pour connaitre des actes de personnes privées lorsqu'au moins une d'entre elles agit pour le compte d'une personne publique.

Pour résoudre le problème de répartition de compétences entre les juridictions, il existe généralement deux (2) techniques : la première est celle de la clause générale de compétence dans laquelle le constituant ou le législateur pose un principe général d'attribution des compétences d'une matière à un juge. Le juge qui bénéficie de cette clause générale de compétence est alors juge du droit commun de la matière ; la seconde quant à elle, consiste à énumérer la compétence de chaque juge, les matières qui relèvent exclusivement de sa compétence. Cela fait du juge dont on énumère la compétence, le juge d'attribution. Le choix est souvent opéré entre ces deux techniques, même si le choix de l'une n'exclut pas le recours à l'autre. Ainsi, en France par exemple, c'est la technique de la clause générale de compétence qui prévaut ; tandis qu'au Cameroun, le législateur a préféré énumérer la compétence du juge administratif[163], même si le juge administratif de façon prétorienne n'hésite pas à étendre son domaine de compétence[164].

Dans le même sens, au Tchad, l'on doit combiner la loi ou plus globalement les textes et la jurisprudence pour fixer l'étendue de la compétence du juge administratif. Comme tout litige de l'administration n'entraine pas automatiquement la compétence des juridictions administratives, il convient après avoir précisé l'étendue de cette compétence **(Section 1)**, de voir quelles en sont les limites **(Section 2)**.

---

[163] Article 2 de la loi n°2006/022 du 2p décembre 2006 portant organisation et fonctionnement des tribunaux administratifs.

[164] KEUTCHA TCHAPNGA (C.), *Précis du contentieux administratif...op.cit.* pp. 28 et s.

SECTION 1 : L'ÉTENDUE DE LA COMPÉTENCE DES JURIDICTIONS ADMINISTRATIVES

Au Tchad, la compétence de la juridiction administrative trouve son fondement d'une part, dans les textes et d'autre part, dans la jurisprudence. Il faut donc distinguer la dévolution textuelle de compétence **(Paragraphe 1)** de l'aménagement jurisprudentielle de la compétence **(Paragraphe 2)** du juge administratif.

Paragraphe 1 : La dévolution textuelle de compétence au juge administratif

Les textes qui fixent la compétence des juridictions administratives au Tchad sont la Constitution, la loi et dans une certaine mesure les actes réglementaires. À la lecture de ces textes, une distinction doit être opérée entre la compétence des chambres administratives des Tribunaux de première instance(A), celle des chambres administratives des Cours d'appel (B), et enfin, celle de la chambre administrative de la Cour suprême (C).

A. La compétence des chambres administratives des Tribunaux de première instance

La loi n° 012/PR/2013 du 29 mai 2013, portant organisation et fonctionnement des juridictions statuant en matière du contentieux administratif dispose que *« les chambres administratives des tribunaux de première instance sont, en premier ressort, juge de droit commun du contentieux administratif »*[165]. On entend par juge de premier ressort *« la juridiction qui, soit en vertu de sa*

[165] V. Art.2 de la Loi n°012/PR/2013, précitée.

qualité de juge de droit commun, soit comme juge d'attribution, doit être saisie du litige avant toute autre juridiction »[166]. L'on peut comprendre que les chambres administratives des Tribunaux de première instance sont les juridictions inférieures qui doivent être saisies avant toute autre juridiction en matière administrative. Elles sont compétentes pour tous les litiges administratifs, sauf si la loi en dispose autrement. Mais le législateur tchadien, nonobstant la clause générale de compétence des juridictions administratives, énumère certains recours dont ils doivent connaitre. Ainsi, l'article 6 de la loi ci-dessus citée dispose que : *« Les chambres administratives des juridictions peuvent être saisies (...) d'un recours tendant à l'annulation d'un acte administratif, dénommé recours en annulation ou d'un recours tendant à la condamnation d'une personne publique au paiement d'une somme d'argent, dénommé recours indemnitaire »*. Malgré cette attribution expresse de compétences au juge administratif, ce dernier est, en vertu de la clause générale de compétence, juge de droit commun du contentieux de l'administration. L'expression « *juge de droit commun du contentieux de l'administration* » englobe dans la compétence du juge l'ensemble des litiges administratifs qui ne sont pas soumis expressément à la compétence d'une autre juridiction. Quelle est donc, de façon synthétique, cette compétence ? Suivant une classification faite par le Professeur Édouard LAFERRIÈRE[167], le contentieux administratif peut ainsi être classé en quatre (4) branches : le contentieux de

---

166 VEDEL (G.) et DELVOLVE (P.), *Droit administratif*, 12 éd., Paris, PUF, Tome 2, 1992, p.63, Cité par GUIMDO DONGMO (B-R.), *Le juge administratif Camerounais et l'urgence : Recherches sur la place de l'urgence dans le contentieux administratif Camerounais*, Thèse de doctorat d'État en droit Public, Université de Yaoundé II, Juin 2004, p.7

167 V. LAFFERIERE (E.), *Traité de la juridiction administrative et des recours contentieux,* Paris, Berger-Levrault, Tome 1, 1887, pp. 15 et s.

l'annulation, le plein contentieux, le contentieux de l'interprétation et enfin le contentieux de la répression. Il est nécessaire de mettre en évidence ces différents recours devant le juge administratif tchadien.

1. Le contentieux de l'annulation ou contentieux de l'excès de pouvoir

Le contentieux de l'annulation est celui dans lequel il est demandé au juge d'examiner la légalité des actes administratifs dans le but de les valider ou les annuler. Encore appelé contentieux de la légalité, ce contentieux comprend le recours en annulation ou recours pour excès de pouvoir, et le recours en déclaration d'inexistence. Le recours pour excès de pouvoir apparait comme le contentieux le plus important qualitativement et quantitativement devant le juge administratif tchadien. Le pouvoir du juge dans ce recours est de vérifier la légalité de l'acte et d'en prononcer, par voie de conséquence, l'annulation ou non. À l'issue de l'examen de la requête du demandeur, si le juge considère que le recours est fondé, il prononce l'annulation de la décision administrative[168], le cas échéant, il rejette le recours. Ainsi, dans l'affaire LAOUKOLE Jean-Baptiste[169], le juge a rejeté la requête au motif que l'acte attaqué ne constitue pas un acte juridique pris par une autorité administrative tchadienne, ayant le caractère d'une décision juridique et faisant grief. Dans ce cas, il ne peut non plus accorder une réparation.

---

[168] Arrêt n°044/CS/CA/SC/08 du 05/11/2008, Affaire DJOUNA KOSSI Abakar c/ État tchadien.

[169] Arrêt n°1/76 du 12 mars 1976, Cour d'appel, chambre administrative et financière, affaire LAOUKOLE Jean-Baptiste c/ État tchadien

2. Le contentieux de pleine juridiction ou de plein pouvoir

Le contentieux de pleine juridiction se distingue du contentieux de l'annulation sur le plan de l'office du juge et de ses pouvoirs. Sur le plan de son office, le juge du plein contentieux ne se borne pas simplement à annuler l'acte illégal, il peut aussi reformuler l'acte pour rétablir la légalité ; mais, surtout, il peut prononcer des condamnations à l'encontre de la partie perdante, et donc de l'administration. Ainsi, selon une énumération faite par l'article 2 de l'ordonnance n°26-67[170], le contentieux de pleine juridiction comprend cinq (5) recours : les litiges relatifs aux contrats ; les litiges nés de l'exécution des travaux publics ; les litiges fondés sur la responsabilité de l'État, il s'agit du recours en indemnité ; le contentieux de l'imposition ; et enfin les litiges portant sur les avantages pécuniaires ou statutaires reconnus aux fonctionnaires ou agents de l'administration. Le juge administratif tchadien se déclare compétent dans ces domaines[171]. Il l'est aussi dans le contentieux de l'interprétation.

3. Le contentieux de l'interprétation

Le contentieux de l'interprétation est celui dans lequel un plaideur demande au juge administratif d'interpréter le sens d'un acte administratif. Ce contentieux comprend le

---

[170] Il s'agit de l'ordonnance N°26-67 du 21 mars 1967, portant organisation et fonctionnement de la Cour d'appel du Tchad.

[171] Sur les litiges relatifs aux contrats, arrêt n°012/CS/CA/SC du 13 juillet 2011, affaire Dame ISSI et 375 autres c/ Commune de Ndjamena ; sur les litiges en matière indemnitaire, arrêt n° 017/CS/CA/SC du 7 septembre 2007, affaire SPC c/ État tchadien ; sur les litiges relatifs à l'imposition, arrêt n°004 CA/CA du 18/09/2009, affaire Celtel Tchad c/ La direction générale des impôts ; sur les litiges portant sur le avantages pécuniaires des agents de l'administration, arrêt n° 005/CS/CA du 14/4/2010, affaire X c/ Sotel Tchad.

recours en interprétation et le recours en appréciation de la légalité d'un acte administratif. Dans le recours en appréciation de la légalité, l'on demande au juge d'apprécier si un acte est conforme à la loi ou non ; tandis que dans le recours en interprétation, il est demandé au juge de préciser la signification exacte d'un acte administratif obscur[172]. Ces deux recours peuvent être directs, mais la plupart du temps, ce sont des recours incidents à l'initiative du juge judiciaire dans le cadre d'un procès civil ou pénal puisque celui-ci ne peut, jusqu'à preuve du contraire, ni interpréter ni apprécier un acte administratif au Tchad[173].

Qu'en est-il alors du contentieux de la répression ?

4. Le contentieux de la répression

Le contentieux de la répression est relatif aux poursuites exercées devant les juridictions administratives contre des personnes ayant commis certaines contraventions de voirie[174]. La fonction répressive est très exceptionnellement exercée par le juge administratif. Ceci s'explique par le fait que la plupart des infractions commises par des autorités

---

[172] KEUTCHA TCHAPNGA (C.), *Précis du contentieux administratif…op.cit.* p. 30

[173] Contrairement à la France où le juge pénal peut aussi apprécier la légalité d'un acte administratif, au Tchad, ce recours n'est pas partagé entre le juge pénal et le juge administratif, car il est de la compétence exclusive du juge administratif. Il en est de même pour le recours en interprétation. Ni le juge civil, ni le juge pénal ne peut interpréter un acte administratif. V. en ce sens Art.11 de la loi n°12/PR/2013 précitée et Art. 2 du Code Pénal tchadien de 2017.

[174] Les contraventions de voirie sont des atteintes portées au domaine public, principalement les voies de communication, autres que routières.

administratives relèvent de la compétence des juridictions spécialisées[175] ou du juge judiciaire.

En somme, la compétence matérielle du juge de droit commun de l'administration s'étend à un ensemble de domaines divers. Mais, la compétence n'est pas que matérielle, elle est aussi territoriale. Concernant la compétence territoriale des juridictions administratives d'instance, le législateur précise que la chambre administrative territorialement compétente est celle du ressort du domicile ou du siège social du demandeur[176]. Cette solution vise à permettre au requérant de saisir la juridiction la plus proche de lui. À côté des chambres administratives des tribunaux de première instance qui interviennent comme juge de droit commun, les chambres administratives des Cours d'appel ont, elles aussi, une compétence déterminée.

B. La compétence des chambres administratives des Cours d'appel

Les Cours d'appel sont les juridictions du second degré qui connaissent par la voie de l'appel des demandes tendant à la reformation partielle ou à l'infirmation des jugements rendus par les juridictions du premier degré[177].

Les chambres administratives des Cours d'appel sont, en principe, compétentes pour connaitre en appel de tous les jugements rendus par les chambres administratives des Tribunaux de première instance. Ainsi, selon la loi n°012/PR/2013, précitée, *« la Cour d'appel est compétente pour connaitre en appel le jugement d'une chambre*

[175] Par exemple le tribunal Militaire ou le Conseil supérieur de la Magistrature.

[176] Art.14 de la loi n°012/PR/2013, précitée.

[177] Définition tirée du Dictionnaire de Droit privé, disponible sur le site : www.dictionnaire-juridique.com, visité le 19 juin 2019 à 20h 55 mn.

administrative d'un TGI relevant de son ressort territorial »[178]. Deux (2) idées ressortirent à la lecture de cette disposition. Premièrement, en ce qui concerne la compétence matérielle, les chambres administratives des Cours d'appel sont les juges du second degré chargés de réexaminer une affaire déjà jugée par les chambres administratives des Tribunaux de première instance. Ce nouvel examen de l'affaire porte aussi bien sur les questions de droit que sur les questions de fait. Deuxièmement, s'agissant de la compétence territoriale, les chambres administratives des Cours d'appel ne peuvent connaitre en appel que les jugements rendus par les chambres administratives des tribunaux de première instance relevant de leur ressort territorial.

Exceptionnellement, les chambres administratives des Cours d'appel peuvent être saisies pour statuer sur une affaire en premier ressort, lorsqu'il y a carence de la juridiction administrative de première instance[179]. Dans ces cas, le président de la chambre administrative de la Cour d'appel statue sur la demande dans un délai d'un mois, par une ordonnance rendue, en premier et dernier ressort, susceptible de pourvoi devant la chambre administrative de la Cour suprême[180].

Il faut donc retenir que les chambres administratives des Cours d'appel sont des juridictions du second degré placées au-dessus des chambres administratives des tribunaux de première instance. Mais au sommet de cette pyramide, se trouve la chambre administrative de la Cour suprême.

---

[178] Art. 15 de la loi n°012/PR/2013, précitée.

[179] Il y a carence de juridiction lorsqu'aucun audiencement ou aucun jugement n'est intervenu à l'issu des délais pendant lesquels la juridiction devait se prononcer. V. Art. 18 al. 1 et Art. 19 al. 1 de la loi n°012/PR/2013, précitée.

[180] V. Article 19 al. 2 et 3 de la loi n°012/PR/2013, précitée.

C. La compétence de la chambre administrative de la Cour suprême

La chambre administrative de la Cour suprême, en sa qualité de juridiction suprême en matière administrative, a deux fonctions essentielles : l'une consultative (1), et l'autre contentieuse (2).

1. La fonction consultative de la chambre administrative de la Cour suprême

Dans sa fonction consultative, la section consultative de la chambre administrative de la Cour suprême intervient aussi bien en matière législative qu'en matière réglementaire[181].

En matière législative, la section consultative intervient en tant que conseiller du Gouvernement dans l'exercice de son droit d'initiative. La saisine de la section consultative en matière législative semble comme une obligation, car, le législateur prévoit que *« la section consultative donne son avis sur tous les projets de lois et d'ordonnances avant leur délibération en conseil des ministres »*[182]. À la demande du Gouvernement sur des questions relatives aux projets de lois et d'ordonnances, elle propose des modifications qu'elle juge nécessaires pour leur rédaction.

En matière réglementaire, l'avis de la section consultative est aussi requis. Lorsqu'elle est saisie par le Gouvernement sur cette question, elle participe à l'élaboration des règlements[183]. En outre, la section consultative peut émettre des avis aux autorités publiques en cas de difficultés administratives et même attirer leur attention sur les questions d'ordre législatif ou

---

181 V. Art. 57 al.1 de l'ordonnance n°002/PR/2021, précitée.

182 V. Art. 58 de l'ordonnance n°002/PR/2021, précitée.

183 V. Art. 57 de l'ordonnance n°002/PR/2021, précitée.

réglementaire qui lui paraissent relever de l'intérêt général[184].

La compétence consultative de la chambre administrative de la Cour suprême est importante, non seulement par les avis sur des questions administratives qu'elle donne aux autorités publiques, mais également par sa participation à l'élaboration des lois, ordonnances et règlements. À côté de cette section consultative, se trouve une autre section, mais cette fois-ci contentieuse qu'il convient de voir les attributions.

2. La fonction contentieuse de la chambre administrative de la Cour suprême

Dans sa fonction contentieuse, la chambre administrative de la Cour suprême par le biais de sa section contentieuse est d'une part, juge des recours contre les décisions rendues par les juridictions administratives inférieures (a) ; et d'autre part, juge en premier et dernier ressort de certains actes administratifs (b).

a. Les recours contre les décisions rendues par les juridictions inférieures

Sur ce point, il est établi que la chambre administrative est juge des pourvois en cassation. Mais, elle peut aussi, dans certaines hypothèses, statuer comme juge d'appel.

La chambre administrative de la Cour suprême est juge des pourvois en cassation des décisions rendues par les juridictions administratives inférieures. Au titre de l'article 13 de la loi n°012, *« La chambre administrative de la Cour suprême connait des pourvois en cassation formés contre les arrêts rendus par les chambres administratives des Cours d'appel, contre les ordonnances des présidents des*

---

[184] Art. 59 de l'ordonnance n°002/PR/2021, précitée.

chambres administratives des tribunaux de première instance et des Cours d'appel (...) et contre les ordonnances des juges des référés des Tribunaux de Grande Instance ». Cette compétence est confirmée par l'article 56 de l'ordonnance n°002/PR/2021, régissant la Cour suprême. En tant que juge de cassation, sa fonction essentielle consiste à vérifier la conformité au droit des décisions rendues par les juridictions qui lui sont subordonnées. Il n'est donc pas, en principe, juge des questions de fait, mais juge des questions de droit.

Si l'article 13 ci-dessus est précis sur la question des pourvois en cassations contre les arrêts rendus par les chambres administratives des Cours d'appel et contre les ordonnances des présidents des chambres administratives des tribunaux de première instance, il demeure un flou sur une question. C'est le cas lorsqu'il mentionne la compétence de la chambre administrative pour connaitre des pourvois « *contre les ordonnances des juges de référé des Tribunaux de Grande Instance* ». À première vue, l'on pourrait penser que la chambre administrative de la Cour suprême pourrait aussi connaitre des ordonnances des référés rendues par les autres chambres des tribunaux de grande instance. Ce qui sera inévitablement une entorse au principe de séparation entre juridictions, notamment, entre le juge judiciaire et administratif. Mais tout compte fait, l'intention du législateur n'était pas de soumettre à la compétence du juge administratif de la Cour suprême, les ordonnances de référé rendues en matière judiciaire. Seules sont concernées, les ordonnances de référé rendues par les chambres administratives des tribunaux de grande instance. Cette analyse est confirmée par l'article 47 de la loi n°012 en son alinéa 2, qui avec plus de précision affirme : *« (...) les ordonnances rendues en matière de référé par le président d'une chambre administrative des tribunaux de première instance ou le magistrat qu'il délègue sont seulement susceptibles d'un pourvoi en cassation devant la chambre administrative de la Cour suprême* »[185]. Aussi, jusqu'à ce jour, il n'existe aucune décision du juge administratif de la Cour suprême qui se prononcerait compétent pour connaitre des ordonnances de référé rendues par un autre juge que celui administratif. Dans l'ensemble, le juge administratif se déclare d'ailleurs incompétent pour connaitre des décisions rendues par le juge judiciaire[186].

La chambre administrative de la Cour suprême connait également des recours contre les décisions des organismes à fonction juridictionnelle. C'est le cas *« des recours formés contre les décisions du comité de recours et de règlement amiable... »*[187]. Saisie de ces recours, la chambre administrative de la Cour suprême statue en dernier ressort, en tant que juge d'appel. Ces arrêts sont insusceptibles de recours devant une autre formation, sauf dans le cas d'un recours en révision[188].

La chambre administrative de la Cour suprême peut connaitre de certains actes administratifs qui lui sont attribués expressément par le législateur. Il s'agit de façon globale des recours dont l'importance requiert la connaissance du juge suprême.

b. Les recours directs contre certains actes administratifs

La chambre administrative de la Cour suprême est compétente pour connaitre de certains litiges jugés trop importants pour être soumis aux juridictions

---

[185] Article 47 de la loi n°012/PR/2013, précitée.

[186] Arrêt n°011/CA/CA/2014 du 11 février 2014, Affaire Gouverneur de la région du Kanem c/ Tribunal de première instance de Mao.

[187] V. Art 12 al 3 de la loi n°012/PR/2013, précitée.

[188] V. à ce sujet les conditions dans lesquelles un recours en révision peut être possible, Art. 52 de la loi n°012/PR/2013, précitée.

administratives inférieures ou difficiles d'être rattachés à une compétence territoriale. Sont ainsi, directement, portés devant cette juridiction, les *« recours en annulation dirigés contre les décrets, les actes réglementaires du Gouvernement et des organismes collégiaux à compétence nationale et les décisions individuelles prises par le Président de la République »*[189]. Sont aussi portés devant la chambre administrative de la Cour suprême, les *« recours en appréciation de la légalité d'un acte administratif dont le contentieux de l'annulation relève en premier et dernier ressort de sa compétence »*[190]. Le législateur tchadien exprime ainsi clairement sa volonté de faire échapper certaines affaires administratives à la connaissance des juridictions inférieures.

Il convient de souligner qu'en ce qui concerne le ressort de compétence de la Cour suprême, le problème ne se pose pas, car en tant que juridiction suprême et unique, son ressort s'étend sur l'ensemble du territoire national[191].

Si le constituant et le législateur s'attèlent à attribuer, par les textes, des compétences aux juridictions administratives, le juge ne se limite cependant pas qu'à ces textes, il fixe l'étendue de sa compétence par sa jurisprudence.

Paragraphe 2 : L'aménagement jurisprudentiel de la compétence du juge administratif

Comme le juge administratif français, le juge administratif tchadien par l'étendue de sa jurisprudence, a tracé les limites de sa compétence en l'élargissant ou en la bornant. Certains commentateurs pensent d'ailleurs à ce propos que la solution du juge tchadien a été le plus souvent

---

[189] V. Art 55 de l'ordonnance n°002/PR/2021, précitée
[190] *Ibidem*
[191] Art. 3 de l'ordonnance n°002/PR/2021, précitée

la reprise des solutions déjà données par son homologue français. Quoi que l'on dise à ce propos, la question qui nous intéresse, particulièrement, est celle de savoir sur quoi se base le juge administratif tchadien pour déterminer sa compétence en dehors des textes ? Pour répondre à cette interrogation, nous verrons que le juge administratif tchadien se fonde d'une part, sur le critère organique (A) et d'autre part, sur le critère matériel et formel (B).

A. Le recours au critère organique

Le critère organique dans la détermination de la compétence du juge administratif se traduit par la présence de l'administration, partie au litige. Ici, le principe est clair : un litige ne peut être administratif que s'il met en cause au moins une personne publique. Les litiges nés entre personnes privées ne peuvent relever de la compétence du juge administratif, dont ceux-ci relèvent, en principe du juge judiciaire. Le critère organique est requis que ce soit dans le cadre d'un acte ou une activité qui fait l'objet du litige.

En matière d'acte administratif unilatéral, le juge administratif tchadien ne se déclare compétent que lorsque l'acte objet du litige est *« un acte unilatéral émanant d'une autorité administrative tchadienne, ayant le caractère d'une décision exécutoire et faisant grief »*[192]. Ainsi, le juge administratif tchadien a fixé le critère organique comme condition de sa compétence au moyen d'un *« acte unilatéral émanant d'une autorité administrative tchadienne »*. En conséquence, un acte juridique qui n'est pas pris par une autorité administrative ne peut, en principe,

---

[192] Arrêt n°1-76 du 12 mars 1976, Cour d'appel, chambre administrative et financière, affaire LAOUKOLE Jean-Baptiste c/ Etat tchadien

relever de sa compétence[193]. Le juge administratif camerounais prend aussi une position similaire quand il s'agit de donner une définition à l'acte administratif critère de détermination de sa compétence. Par exemple dans l'affaire *NGONGANG NJANKE Martin*[194], le juge administratif camerounais en l'absence des textes qui définissent l'acte administratif donna une définition pour combler le vide. Il définit l'acte administratif comme *« un acte juridique unilatéral, pris par une autorité administrative dans l'exercice d'un pouvoir administratif et créant des droits et des obligations pour les particuliers ».* Dès lors, l'on pourra dire qu'au Tchad ou au Cameroun, la présence du critère organique, c'est-à-dire de l'autorité administrative, est inhérente à la détermination de la compétence du juge administratif.

Le critère organique est une condition nécessaire certes, mais insuffisant à lui seul pour déterminer la compétence du juge administratif. Il doit être suivi d'un critère matériel et/ou formel.

---

[193] Le principe ici est que tous les actes juridiques pris par des personnes privées dans leurs rapports ne relèvent pas de la compétence du juge administratif. Mais exceptionnellement, le juge administratif peut se déclarer compétent pour certains actes pris, même par des personnes privées, soit parce que ces actes concourent à la satisfaction de l'intérêt général, soit parce que la personne privée en cause représente une personne publique. C'est le cas, notamment du juge administratif français qui reconnait sa compétence dans les litiges causés par un acte pris par la Banque de France, personne morale de droit privé dans ses rapports avec ses agents. Le juge administratif français se reconnait également compètent pour le cas des litiges nés des contrats conclus entre deux personnes privées lorsque l'une d'elles agit pour le compte d'une personne publique (CE, 30 mai 1965, *Société d'équipement de la région montpelliéraine* ; T.C 07 juillet 1975, *Commune d'Agde*, *AJDA*, 1975, pp. 345 et 361). V. aussi RIVERO (J.) et WALINE (J.), *Droit administratif…op.cit.* pp.119 et 154.

[194] Arrêt n°20 du 20 Mars 1968, affaire NGONGANG NJANKE Martin c/ État du Cameroun

B. Le recours aux critères matériel et formel

Le critère matériel est le but de l'action menée : est-elle une mission de service public ou non ? Le critère du service public est suffisant pour déterminer la compétence du juge administratif, lorsque l'exigence du critère organique est remplie. En effet, le juge administratif français a depuis l'arrêt *Blanco*[195], posé le principe de la compétence administrative suivant le critère du service public. Le principe est que, dès lors que l'administration accomplit une mission pour la satisfaction d'un intérêt général, le juge administratif se déclare compétent. Ainsi, le juge administratif tchadien se déclare incompétent même en présence du critère organique au motif que l'activité de la personne publique relève, par « nature », du droit privé[196].

S'agissant du critère formel, c'est le moyen utilisé par l'administration pour agir. Ce sont les prérogatives de puissance publique dont l'administration fait usage. Pour que le juge administratif se déclare compétent, il faut qu'en plus du critère organique, l'administration use de ses pouvoirs exorbitants de droit commun. En effet, dans le cadre des litiges nés des contrats administratifs, la solution du juge administratif français dans l'arrêt *Société des granits porphyroïdes de Vosges*[197] a été reprise par le juge administratif tchadien. Ce dernier décline sa compétence au motif que le contrat, objet du litige ne disposait pas des clauses exorbitantes du droit commun en déclarant : *« ...considérant que (...) la fourniture de briques faite par la société requérante l'a été en exécution d'une simple commande, en dehors de tout marché par convention verbale et sans aucune stipulation particulière la*

---

[195] TC, 8 février 1873, *GAJA* n°1, pp. 1-7.
[196] Arrêt n°3-69 du 23 mai 1969, Cour d'appel, chambre administrative et financière, Affaire TOLBE Jean-Noël c/ Commune de Fort-Lamy.
[197] CE, 31 juillet 1912, *GAJA* n°25, pp. 149-154.

différenciant d'un achat de droit commun ; que c'est donc à tort que la société des établissements Bonifas a saisi la juridiction administrative, qui est nécessairement incompétente pour connaitre d'un contrat ayant pour objet unique les fournitures à livrer selon les règles et conditions des contrats intervenus entre particuliers »[198]. L'on peut remarquer dans cette décision que le critère organique à lui seul n'a pas été suffisant pour déterminer un contrat d'administratif, simplement parce qu'il a été conclu selon les règles de droit privé.

De tout ce qui précède, l'on peut dire que la compétence du juge administratif tchadien est vaste, car en plus d'une détermination de la clause générale de compétence par le législateur, le juge s'est lui-même parfois déterminé l'étendue de sa compétence par sa jurisprudence. Cependant, cette compétence n'est pas absolue, elle a ses limites.

SECTION 2 : LES LIMITES DE LA COMPÉTENCE DES JURIDICTIONS ADMINISTRATIVES

De façon générale, les juridictions administratives sont incompétentes pour connaitre de certains litiges, même si l'administration en est partie. L'incompétence du juge administratif est due, soit à la nature de l'acte querellé **(Paragraphe 1)**, soit simplement parce que le règlement du litige est confié à une autre juridiction **(Paragraphe 2)**.

---

198 Arrêt n°1-67 du 24 février 1969, chambre administrative et financière de la Cour d'appel, affaire Société des Etablissements Bonifas c/ Commune de Fort-Lamy.

Paragraphe 1 : Les limites liées à la nature de l'acte

Le juge administratif tchadien serait, en principe, incompétent pour connaitre des actes de gouvernement (A), des actes du pouvoir législatif (B) et les actes du juge judiciaire (C).

A. Les actes de gouvernement

Les actes de gouvernement sont des *« actes qui, bien que pris par le Gouvernement dans son ensemble ou individuellement par un de ses membres, bénéficient d'une immunité générale et absolue »*[199]. Les actes de gouvernement sont insusceptibles de tout recours devant une juridiction. Mais au Tchad, le législateur ne fait aucune mention concernant les actes de gouvernement. On croirait que le soin serait laissé à la jurisprudence de se prononcer sur cette question. Malheureusement à ce jour, nous ne sommes pas en possession d'une décision du juge administratif tchadien concernant cette question. On se contentera ici de faire du droit comparé, utile pour l'enrichissement du droit administratif tchadien.

En France, au départ, la notion d'acte de gouvernement était fondée sur le mobile politique. C'est ainsi que le Conseil d'État français refusait de connaitre ou de contrôler les actes qu'il estimait fondés sur des considérations politiques[200]. Mais quelques années plus tard, il procédait au rejet de ce mobile politique[201], sans toutefois supprimer la notion d'actes de gouvernement. Il s'est borné à éliminer le critère de mobile politique qui élargissait la sphère de ces

---

[199] KEUTCHA TCHAPNGA (C.), *Précis du contentieux administratif ...op.cit.* p. 53

[200] CE, 09 mai 1867, Duc d'Aumale.

[201] CE, 19 février 1875, Prince Napoléon.

actes. On ne rattache aujourd'hui à la catégorie des actes de gouvernement que des actes relevant des deux domaines suivants : d'une part, les actes de l'exécutif pris dans ses rapports avec le Parlement, tels que l'exercice du droit d'initiative, les décrets de promulgation de la loi, les décrets de convocation et de clôture des sessions, etc. ; d'autre part, les actes de l'exécutif pris en matière des relations avec les puissances étrangères, tels que les actes relatifs à la négociation et à la conclusion d'un traité international, les actes relatifs à l'application des traités ainsi que les actes de politiques internationales étrangères aux traités[202].

Au Cameroun, l'injusticiabilité des actes de gouvernement tire son origine de l'article 4 de la loi n°2006/022 fixant l'organisation et le fonctionnement des tribunaux administratifs, qui dispose qu'« *aucune juridiction ne peut connaitre des actes de gouvernement* ». Cette interdiction intéresse aussi bien le juge judiciaire que le juge administratif. Le juge administratif camerounais saisi pour statuer sur un tel acte se déclare incompétent. Cet argument trouve son fondement dans l'affaire *KOUANG Guillaume Charles* [203]ou encore dans l'affaire *ESSOMBA Marc Antoine*[204]. Il faut cependant dire que la notion de l'acte de gouvernement semble plus étendue devant le juge camerounais, en vertu de la reconsidération du *mobile politique*, notion pourtant abandonnée par le juge français depuis 1875. Il en a été ainsi dans le jugement *ESSOUGOU Benoit*[205].

---

[202] V. à ce sujet RIVERO (J.) et WALINE (J.), *Droit administratif…op.cit.* p. 158 et s.

[203] Arrêt CS/CA, jugement ADD n°66/78-79 du 31 mai 1979, Affaire KOUANG Guillaume Charles c/ État du Cameroun.

[204] Arrêt CS/CA, jugement n°7 du 29 novembre 1979, Affaire ESSOMBA Marc Antoine c/ État du Cameroun.

[205] Arrêt CS/CA, jugement n°34/79-80 du 24 avril 1980, Affaire ESSOUGOU Benoit c/ État du Cameroun.

Quel qu'en soit le contenu, les actes de gouvernement font partie des domaines qui échappent à la compétence du juge administratif. Il en est de même des actes législatifs qui échappent eux aussi à la compétence du juge administratif.

B. Les actes législatifs

Les actes du pouvoir législatif sont des *« actes juridiques émis dans le cadre des assemblées parlementaires et les actes matériels relatifs à l'activité de ces assemblées »*[206]. Le législateur tchadien de 2013[207] n'a pas déterminé explicitement la limite de la compétence du juge administratif sur la question des actes du pouvoir législatif. Cependant, selon l'ordonnance de 2021 régissant la Cour suprême[208], l'on peut constater qu'en matière de contrôle de la constitutionnalité des lois et des règlements intérieurs du pouvoir législatif, la compétence revient à la chambre constitutionnelle de la Cour suprême. Ce qui signifierait que le juge administratif n'est pas compétent dans ces matières.

En France, les actes législatifs bénéficient d'une immunité juridictionnelle semblable à celle qui s'applique aux actes de gouvernement. Le juge administratif est en principe incompétent pour connaitre des actes législatifs. Le Conseil d'État français a longtemps recherché le critère devant permettre de reconnaitre un acte parlementaire. Ainsi, il se fondait parfois sur le critère matériel. D'après celui-ci, un acte parlementaire est tout acte, quel qu'en soit l'auteur, qui a pour objet l'exercice des fonctions constitutionnelles des assemblées parlementaires, c'est-à-dire le vote de la loi et le contrôle du gouvernement. Les

---

[206] AUBY (J-M) et DRAGO (R.), *Traité de contentieux administratif… op.cit.* p. 155

[207] Il s'agit de la loi n°012/PR/2013 précitée.

[208] V. Les articles 64 et 65 de ladite ordonnance.

actes ne comportant pas un tel objet seraient considérés comme des actes administratifs et par conséquent relèveraient de la compétence du juge administratif[209]. Mais cette solution fondée sur le critère matériel a été exceptionnelle, le Conseil d'État s'est rallié par la suite au critère organique. Ainsi, l'acte parlementaire est celui dont l'auteur agit en qualité de parlementaire et non d'administrateur. En se fondant sur cette définition, les textes constitutionnels français d'antan fournissaient des précisions sur ce point. C'est ainsi que la Constitution française de 1946 disposait en son article 5 que *« le Parlement comprend l'Assemblée nationale et le Conseil de la République »*[210]. Les actes émanant de ces organes parlementaires échappaient dès lors à la compétence du juge administratif français. L'application du critère organique conduit donc à refuser le caractère parlementaire aux actes qui n'émanent pas d'organes parlementaires[211]. Or, la fonction législative n'est pas exercée que par le parlement, l'exécutif y participe aussi activement. Cette situation a conduit le Conseil d'État à reconnaitre, exceptionnellement, le caractère d'acte parlementaire à un acte émanant de l'exécutif[212].

Progressivement, la jurisprudence française est parvenue à se fixer l'étendue de la compétence du juge administratif en matière d'actes parlementaires. Ainsi, le juge administratif français n'est pas compétent dans le domaine de la loi[213]. Cette immunité s'étend aussi à tous les actes qui

---

[209] CE, 13 février 1899, Héritier de Jolly.

[210] V. Constitution française de 1946

[211] CE ,31 mai 1957, Louis Girard.

[212] CE, 8 juin 1951, Hirschowitz.

[213] CE, 22 octobre 1979, Union démocratique du travail. Cependant, il faut préciser que le juge administratif français est compétent pour connaitre des actions en réparation des dommages causés par la loi (C.E, Société anonyme des produits laitiers « La Fleurette », 14 janvier 1938).

concourent directement à l'élaboration de la loi qu'ils émanent des assemblées ou de leurs organes (Commission, groupe parlementaire, etc.). Mais, sa compétence est retenue dans le cas des contrats conclus par les assemblées parlementaires[214]. De même, sont considérées comme des actes administratifs unilatéraux relevant de la compétence du juge administratif, les ordonnances prises par habilitation législative quand elles n'ont pas encore été ratifiées par une loi.

En tout état de cause, ces solutions du juge administratif français peuvent inspirer le juge administratif tchadien. Celui-ci est incompétent pour connaitre des actes judiciaires.

C. Les actes judiciaires

Le principe de la séparation des pouvoirs s'oppose à ce que le juge administratif soit compétent pour juger les litiges relatifs au fonctionnement du service public judiciaire. Il est à cet effet incompétent pour apprécier non seulement la validité des jugements rendus par les juridictions judiciaires (actes judiciaires proprement dits), mais aussi celle de tous les actes qui la préparent et de ceux qui l'exécutent. Lorsque ces actes ont été accomplis dans les conditions irrégulières, constitutives d'une faute éventuelle de service, la responsabilité de l'administration ne pourra être engagée que devant les juridictions judiciaires. Ainsi, constitue un acte préparatoire ne relevant pas de la compétence du juge administratif, celui par lequel un accusé est déféré devant une juridiction appelée à juger ses crimes. Constitue un acte d'exécution relevant de la compétence exclusive du juge judiciaire, la décision d'un

---

214 CE, 5 mars 1999, Président de l'Assemblée nationale, *AJDA*, 1999, p. 1304.

juge d'application des peines de révoquer une mesure de libération conditionnelle accordée à un détenu.

Le juge administratif tchadien, lorsqu'il est saisi pour apprécier la validité d'un jugement rendu par le juge judiciaire, se déclare incompétent. C'était le cas, dans l'affaire du *gouverneur de la région du Kanem contre le tribunal de première instance de Mao*[215]. En effet, la chambre administrative de la Cour d'appel de N'Djamena, saisie pour se prononcer sur l'ordonnance de sursis à exécution rendu par le juge judiciaire, déclare que *« l'ordonnance... a été rendue en matière civile ; qu'à la lumière des éléments de la cause, et dans les circonstances actuelles, la Cour d'appel (chambre administrative) ne peut connaitre une telle affaire »*.

Dans le même sens, le juge administratif camerounais, lorsqu'il est saisi pour se prononcer sur la responsabilité du service public de la justice, se déclare incompétent. Par exemple, dans l'affaire *YOMBI*, le juge administratif camerounais déclare que *« tous les actes survenus au cours d'une procédure judiciaire ne peuvent être appréciés, soit en eux-mêmes, soit dans leurs conséquences, que par l'autorité judiciaire... »*[216].

Toutefois, l'incompétence du juge administratif vis-à-vis des actes de l'autorité judiciaire n'est pas absolue. Ainsi, par une jurisprudence ancienne en France, confirmée par l'arrêt *préfet de la Guyane*[217], les litiges intéressant

---

[215] Répertoire n°011/CA/CA/2014 du 11 février 2014, Affaire Gouverneur de la région du Kanem c/ Tribunal de première instance de Mao.

[216] Arrêt n°44/CS/CA du 26 Juin 1980, affaire YOMBI. Dans le même sens, V. le jugement n°84/CS/CA du 30 juin 1983, affaire ATANGANA MBARGA Adalbert ; Arrêt n°213 CFS/CAJ du 17 aout 1972, affaire AOUA Hadja.

[217] TC, 27 novembre 1952, préfet de la Guyane. Aux termes de cet arrêt, les actes d'organisation du service public de la justice relèvent de la

l'organisation des services publics de la justice relèvent de la compétence du juge administratif. Ainsi, le juge administratif peut connaitre de toutes les mesures prises par l'exécutif relatives à la création et à la suppression des juridictions, ainsi que de celles relatives à la suspension de leurs activités. La jurisprudence camerounaise va dans ce sens également[218].

Les limites à la compétence du juge administratif ne sont pas simplement dues à la nature de l'acte querellé. Elles sont également le fait de la dévolution du litige à une autre juridiction.

Paragraphe 2 : Les limites liées à la dévolution du litige à une autre juridiction

Certains litiges, même s'ils mettent en cause l'administration, ont été dévolus à la compétence d'une autre juridiction. L'on peut distinguer la compétence du juge judiciaire en matière administrative (A), de la compétence de certaines juridictions spécialisées (B).

A. La compétence du juge judiciaire en matière administrative

Le juge judiciaire est normalement incompétent pour connaitre des litiges mettant en cause l'administration. Mais en tant que gardien des libertés fondamentales et de la propriété individuelle[219], il est compétent pour connaitre de certains litiges, même s'ils mettent en cause l'administration. Il faut souligner que, contrairement au

---

compétence du juge administratif et peuvent éventuellement engager la responsabilité de la puissance publique.

[218] V. par exemple le jugement n°1 ADD/CS/CA du 28 janvier 1982, Affaire TATSINDA Maurice.

[219] V. Art. 159 de la Constitution tchadienne de 2018 révisée en 2020.

juge judiciaire français[220] et camerounais[221], qui peuvent interpréter et apprécier certains actes administratifs, le juge judiciaire tchadien n'a pas quant à lui reçu cette compétence[222]. L'on insistera donc sur l'emprise irrégulière (1) et la voie de fait administrative (2) qui constituent des chefs de compétences du juge judiciaire, même si l'étendue de cette compétence n'est pas clairement précisée au Tchad, comme c'est le cas dans certains pays[223].

1. L'emprise irrégulière

Il y a emprise lorsque l'administration porte atteinte à une propriété privée immobilière sous la forme d'une prise de possession régulière ou irrégulière, momentanée ou

---

[220] Pour plus de précisions sur l'interprétation et l'appréciation de la légalité d'un acte administratif par le juge judiciaire français, V. RIVERO (J.) et WALINE (J.), *Droit administratif... op.cit.* pp. 175-178.

[221] En ce qui concerne l'interprétation des actes administratifs, V. Art. 15, al. 2 de la loi n°2006/022 fixant l'organisation et le fonctionnement des Tribunaux administratifs au Cameroun ; S'agissant de l'appréciation de la légalité de l'acte administratif, V. Art. 2 al 3 de la même loi. V. aussi KEUTCHA TCHAPNGA (C.), *Précis du contentieux administratif... op.cit.* pp. 124-126.

[222] Sur l'interdiction faite au juge judiciaire d'interpréter ou d'apprécier les actes administratifs, l'Art.2 de la loi n°001/PR/2017 du 8 mai 2017 portant Code Pénal dispose que *« Les juridictions pénales ne sont pas compétentes pour interpréter les actes administratifs règlementaires ou individuels et pour apprécier la légalité même si, de cet examen, dépend la solution du procès pénal qui leur est soumis. Elles sont tenues de sursoir à statuer en attendant la décision de la juridiction administrative sur la question préjudicielle soulevée »* ; et l'Art. 11 de la loi n°012/PR/2013, précitée dispose à son tour que *« lorsque, à l'occasion d'un litige porté devant une juridiction civile, commerciale, sociale ou pénale, la légalité d'un acte administratif est contestée, la juridiction saisie doit saisir la chambre administrative d'un recours en appréciation de la légalité »*.

[223] V., par exemple, Art. 3 de la loi n°2006/022 fixant l'organisation et le fonctionnement des Tribunaux administratifs au Cameroun

définitive[224]. La notion d'emprise ne joue qu'à l'égard de la propriété immobilière. L'atteinte à une propriété mobilière n'est pas constitutive d'une emprise[225]. Constitue par exemple une emprise sur le fait pour l'administration d'occuper momentanément ou définitivement la concession d'une personne privée pour effectuer des installations ou poser des matériaux. Si l'occupation de la propriété résulte d'un titre légal, l'emprise est dite régulière, dans ce cas le juge administratif reconnait sa compétence. Cependant, si l'occupation relève d'un titre illégal, on parlera d'emprise irrégulière qui relèvera de la compétence du juge judiciaire. En France, pour que la théorie de l'emprise irrégulière joue, il faut la réunion d'un certain nombre de conditions : d'abord, il faut qu'il y ait atteinte à une propriété privée immobilière ; ensuite, il faut qu'il y ait dépossession, c'est-à-dire une mainmise de l'administration sur la propriété privée ; enfin, il faut que la dépossession soit irrégulière. Cependant, il faut souligner que le juge judiciaire ne peut apprécier lui-même, en cas de contestation, la légalité de l'acte qui fonde l'emprise. La question doit être tranchée par le juge administratif. Sa compétence porte essentiellement sur la réparation.

D'une manière générale, la compétence du juge judiciaire peut trouver son fondement dans le principe suivant lequel, il est le garant de la propriété privée. Mais, dès lors qu'une question préjudicielle relative notamment à la qualification de l'emprise est soulevée, il devrait surseoir à statuer et renvoyer la question au juge administratif qui la tranche. Une fois que l'irrégularité de l'emprise est établie par le juge administratif, le juge judiciaire peut procéder à la réparation. Celle-ci pourrait porter, non seulement sur l'indemnisation du propriétaire dont le terrain a été

---

224 KEUTCHA TCHAPNGA (C.), *Le précis du contentieux administratif… op.cit.* p. 106.

225 *Ibidem*.

irrégulièrement occupé par l'administration, mais aussi, sur l'obligation faite à cette dernière de faire cesser l'atteinte[226].

Malgré le silence de la loi sur la question, la compétence du juge judiciaire tchadien en matière d'emprise irrégulière est confirmée par la jurisprudence, notamment, civile. C'était le cas dans l'affaire *Quincaillerie générale des matériaux de construction contre État tchadien*[227]. En l'espèce, le requérant, victime d'une expropriation par l'État, saisit le juge judiciaire pour obtenir réparation au motif que, l'acte de l'administration est constitutif d'emprise irrégulière. Le juge judiciaire a donné raison au requérant en condamnant l'administration au paiement des dommages et intérêts. Ce pourrait aussi être le cas, s'il y'a voie de fait administrative.

2. La voie de fait administrative

La voie de fait est une mesure manifestement insusceptible d'être rattachée à l'exercice d'un pouvoir appartenant à l'administration[228]. De ce fait, il y a voie de fait lorsque deux (2) conditions sont remplies : la première est que, l'acte considéré soit entaché d'une irrégularité si grave qu'il constitue une mesure manifestement insusceptible de se rattacher à l'application d'un texte législatif ou réglementaire ; la seconde est que, l'acte querellé porte atteinte aux libertés fondamentales et au droit de propriété[229].

En France, la constatation de l'acte constitutif de voie de fait relève de la compétence des deux (2) ordres de

---

[226] ABANE ENGOLO (P.E.), *Traité de contentieux administratif du Cameroun*, Paris, L'Harmattan, 2019, p. 288.
[227] Arrêt n°196 du 23 mai 2003, Cour d'appel de Ndjamena, Chambre civile et commerciale, Affaire Quincaillerie générale des matériaux de construction c/ État tchadien
[228] CE, 18 novembre 1949, Carlier
[229] RICCI (J-C), *Droit administratif*, 4e édition, Paris, Hachette, p. 122

juridictions. Autrement dit, le juge administratif et le juge judiciaire sont tous compétents pour constater l'acte de voie de fait administrative. Quant à la réparation, elle relève de la compétence exclusive du juge judiciaire. On constate alors que les pouvoirs du juge judiciaire sont bien plus larges ici qu'en matière d'emprise.

Comme en matière d'emprise irrégulière, le législateur tchadien n'est pas précis sur le régime applicable en matière de voie de fait. On peut penser que la compétence serait également ici partagée entre le juge administratif et le juge judiciaire. Le premier, juge de la légalité, serait compétent pour connaitre de la question préjudicielle soulevée en matière de voie de fait, notamment en ce qui concerne sa qualification. Le second, gardien traditionnel de la propriété privée et des libertés fondamentales, serait compétent pour la réparation[230].

En ce sens, la compétence du juge judiciaire en matière de voie de fait administrative a été retenue dans l'affaire du *gouverneur de la région du Kanem*[231]. Il ressort de cette affaire que, le gouverneur, par une décision, interdit le sieur Abakar DIA de construire une station de pompage sur un terrain qu'il estime relevant du domaine privé de l'État. Le sieur Abakar, estimant qu'il y'a voie de fait, a saisi le tribunal de première instance de Mao qui a reconnu sa compétence et a donné raison au requérant.

B. La compétence des juridictions spécialisées

Certains litiges, parce que concernant des corps administratifs particuliers, ou parce que trop complexes, ont été attribués à la compétence des juridictions spécifiques et spécialisées. Ces juridictions sont nombreuses et

---

[230] ABANE ENGOLO (P. E.), *op.cit.*, p. 292.

[231] Jugement rendu par le Tribunal de première instance Mao, Affaire Gouverneur de région du Kanem c/ Abakar DIA

diversifiées. Mais, l'on en évoquera ici que quelques-unes, en raison de leur importance. Il en est ainsi de la Cour des comptes (1), du Conseil supérieur de la magistrature (2) et du tribunal militaire (3).

1. La compétence de la Cour des comptes

La Cour des comptes est une juridiction spécialisée chargée de vérifier les comptes publics et de juger les comptables publics de l'État[232]. Cette institution a connu beaucoup de mutations depuis les indépendances au Tchad. Consacrée, tantôt comme une juridiction autonome, tantôt comme une section au sein de la Cour suprême, la juridiction des comptes joue un rôle important dans la politique financière du Gouvernement. Ces dernières années, la volonté de la rendre autonome a été notamment suscitée par le souci de répondre aux exigences du droit communautaire CEMAC, qui n'a cessé de donner des directives aux États membres. C'est ainsi que dans la dernière Constitution de 2020, la juridiction des comptes est redevenue une juridiction autonome ayant une organisation et un fonctionnement propre à elle. Au sens de l'article 172 de ladite Constitution, *« la Cour des comptes est la plus haute juridiction en matière de contrôle de l'exécution du budget de l'État* (…), *juge les comptes des comptables publics »*[233]. Cette volonté s'est concrétisée par l'ordonnance n°003/PR/2021 portant organisation, attribution, fonctionnement et règles de procédure devant la Cour des comptes. En attendant sa mise en place, c'est-à-

[232] Définition tirée du site www.cours-de-droit.net, visité le 22 juin 2019, à 00h 15mn. Sur les juridictions des Comptes, il serait intéressant de se référer à la contribution du Professeur SIETCHOUA DJUITCHOKO (C.), « La chambre des comptes de de la Cour suprême, nouveau juge administratif au Cameroun », *RJP*, n°3, juillet- septembre 2013, pp. 256-286.

[233] Art 172 de la constitution révisée en 2020.

dire son effectivité, c'est toujours la chambre des comptes de la Cour suprême qui officie comme juridiction des comptes.

La Cour des comptes est donc compétente[234] pour les jugements des comptes des comptables publics principaux ; elle exerce également une mission de contrôle sur l'ensemble des services de l'État y compris leurs services extérieurs, les collectivités autonomes, les établissements publics, etc. Enfin, dans sa compétence relative à la discipline budgétaire et financière, elle peut infliger des sanctions aux organismes publics pour faute de gestion. Ainsi, ne relève pas de la compétence du juge administratif, les litiges mettant en cause les autorités administratives lorsque ceux-ci sont relatifs à l'ordonnancement ou à la liquidation des dépenses publiques. On espère que dans la prochaine Constitution qui sera adoptée après la période de transition, la Cour des comptes gardera son indépendance et son autonomie consacrée dans la dernière Constitution. Le Conseil supérieur de la magistrature tire également son existence juridique de cette Constitution.

2. La compétence du Conseil supérieur de la magistrature

Bien qu'il ne soit pas considéré comme une véritable juridiction, le Conseil supérieur de la magistrature exerce la fonction d'une juridiction proprement dite. Le caractère juridictionnel du Conseil supérieur de la magistrature tient, d'une part, par sa composition, lorsqu'il statue en matière disciplinaire[235]; d'autre part, par l'organisation détaillée de

---

[234] A titre de droit comparé, li notamment, SIETCHOUA DJUITCHOKO (C.), « La chambre des comptes de de la Cour suprême, nouveau juge administratif au Cameroun », *RJP*, n°3, juillet- septembre 2013, pp. 256-286.

[235] Lorsqu'il statue en matière disciplinaire, il est présidé par le président de la Cour Suprême et composé des magistrats.

la procédure suivie devant lui. La compétence du Conseil supérieur de la magistrature en tant qu'organe à fonction juridictionnelle trouve d'abord son fondement dans la Constitution[236]. Elle est reprise *mutandis mutatis* par l'ordonnance n° 007/PR/2012, portant statut de la magistrature au Tchad. Au titre de cette ordonnance, le Conseil supérieur de la magistrature est compétent pour trancher les litiges relatifs à la *« discipline et la responsabilité des magistrats à tous les niveaux »*[237]. Les magistrats, bien qu'ils soient des fonctionnaires, ont un statut particulier. Ainsi, les litiges touchant à la discipline et à la responsabilité des magistrats ne relèvent pas de la compétence du juge administratif. Tout comme ils ne relèvent pas de sa compétence, les litiges dévolus à la compétence de la justice militaire.

3. La compétence de la justice militaire

La Constitution tchadienne institue une justice militaire comprenant un tribunal militaire et une haute Cour militaire[238]. Ainsi, comme dans les juridictions administratives ou judiciaires, le principe du double degré de juridiction est présent devant la justice militaire. Au titre de la dernière Constitution révisée en 2020, *« le tribunal militaire connait en premier degré de toutes les contraventions et délits commis par les militaires… »*[239]. Et, la haute Cour militaire *connait en appel en dernier ressort les jugements rendus par le tribunal militaire dans les conditions définies par la loi ; elle connait en premier et dernier ressort toutes les infractions d'atteinte à la sureté de l'État et des crimes commis par les militaires, quel que*

[236] Art. 165 de la Constitution tchadienne de 2018 révisée en 2020.
[237] Art. 40 de l'ordonnance n°007/PR/2012 Portant Statut de la Magistrature au Tchad.
[238] Art. 187 de la Constitution tchadienne de 2018 révisée en 2020.
[239] Art. 188 de la Constitution tchadienne de 2018 révisée en 2020.

soit leur grade[240]. À la vérité, la compétence de la juridiction militaire est essentiellement répressive, car elle connait surtout des infractions pénales. Cette compétence exclusivement reconnue aux juridictions militaires s'explique par la particularité des litiges des corps militaires. Ainsi, le juge administratif ne peut retenir sa compétence dans ce domaine.

---

[240] Art. 189 de la Constitution tchadienne de 2018 révisée en 2020.

CONCLUSION DU PREMIER CHAPITRE

Le juge administratif tchadien est juge du droit commun du contentieux de l'administration. En l'absence d'une précision par les textes sur les différents recours dont il doit connaitre, il lui revient de délimiter, par sa jurisprudence, l'étendue de sa compétence suivant un certain nombre de critères. Ce dernier a parfois, selon les cas, élargi ou rétréci le domaine de sa compétence. La compétence reconnue aux juridictions administratives n'est pas absolue, elle a ses limites. Ces limites sont liées, d'une part, à la nature de l'acte litigieux et, d'autre part, à la dévolution du litige à la compétence d'une autre juridiction. Le juge judiciaire intervient en tant que juge d'exception en matière de contentieux administratif. Contrairement au juge judiciaire français et camerounais, qui ont une compétence assez large en matière administrative, le juge judiciaire tchadien semble n'avoir qu'une compétence résiduelle en la matière.

La spécialisation de la justice administrative est reconnue sur le plan matériel du fait de la compétence du juge administratif sur l'ensemble du contentieux administratif. Cependant, le manque de précision sur certaines questions telles que les actes de gouvernement, les actes législatifs et les actes judiciaires, pourrait être source d'incertitude dans la détermination de la compétence du juge administratif. À cela, s'ajoute le manque de précision sur l'étendue de la compétence du juge judiciaire, qui apparait comme le juge d'exception en matière administrative. Le législateur et le juge tchadien sont, sur ces questions, interpellés.

Pour terminer sur cette question de la compétence du juge administratif tchadien, il est important de préciser, qu'au-delà de son domaine de compétence tel que circonscrit par les textes et la jurisprudence, ce dernier, tout comme le juge judiciaire, est désormais, avec la participation du Tchad à l'intégration régionale ou sous régionale, juge de droit commun du droit communautaire[241]. Ainsi, il lui revient de sanctionner, dans le cadre du recours pour excès de pouvoir ou du recours en responsabilité, l'administration tchadienne lorsque celle-ci a violé le droit communautaire[242]. Le principe appliqué ici est celui de l'autonomie institutionnelle et procédurale. L'État utilisera alors, pour l'application du droit communautaire, les juridictions administratives existantes, suivant la structuration mise en place, de l'instance jusqu'à la cassation. De même, la procédure applicable sera la procédure administrative contentieuse qui, en elle-même, est une procédure spéciale.

---

[241] GNIMPIEBA TONNANG (E.) et NGUENA DJOUFACK (A.L.), « L'influence du droit communautaire de la CEMAC sur le domaine de compétence du juge administratif camerounais » (en collaboration), *Recht in Afrika*, Cologne, 26 octobre 2011, pp. 219-239.

[242] Cour de justice de la CEMAC, Arrêt n° 001/CJ/CEMAC/CJ/07 du 01/02/2007, Société anonyme des Brasseries du Cameroun c/ République du Tchad, Commentaire NGUENA DJOUFACK (A.L.), *Juridis Périodique*, n° 98, avril-mai-juin 2014, pp. 32-40.

CHAPITRE 2 : LA PROCÉDURE SPÉCIFIQUE DEVANT LES JURIDICTIONS ADMINISTRATIVES

Toute personne peut s'adresser à la justice pour demander au juge de dire le droit par rapport à un litige donné. Cette action en justice prendra la forme d'une demande ou requête qui débouchera au terme de la procédure, sur une décision juridictionnelle. Les règles de procédure ont, en toute matière, une importance considérable pour la protection des justiciables. Cela est surtout vrai dans le cadre d'une procédure juridictionnelle. La procédure peut alors être entendue comme, *« l'ensemble des règles à l'aide desquelles la protection juridictionnelle est obtenue par des particuliers dont les droits sont méconnus ou contestés »*[243]. La procédure juridictionnelle constitue ainsi une garantie pour le requérant, car c'est à l'issue d'une procédure efficace qu'on reconnait une bonne décision de justice. MONTESQUIEU disait déjà en 1789 dans son célèbre ouvrage, *De l'Esprit des lois,* que *« les formalités de la justice sont nécessaires aux libertés »*[244].

---

243 PEISER (G.), *Contentieux administratif,* 14e édition, Dalloz Mémentos, Paris, 2006, p.114.
244 MONTESQUIEU, cité par KEUTCHA TCHAPNGA (C.), *Le précis du contentieux administratif … op.cit.* p.131

C'est pourquoi il existe une procédure administrative contentieuse.

La procédure administrative contentieuse peut être définie comme *« l'ensemble des règles régissant la conduite des procès devant les juridictions administratives »*[245]. Elle présente certaines particularités par rapport à la procédure civile[246]. Alors que le procès civil oppose deux (2) personnes dont les intérêts sont équivalents, le procès administratif oppose deux (2) parties, dont l'administration et les particuliers qui poursuivent des intérêts de nature différente. C'est, sans doute, la recherche de l'équilibre entre les intérêts privés défendus par les particuliers et l'intérêt général incarné par l'administration qui explique la spécificité de la procédure administrative contentieuse, telle que l'a organisé le législateur tchadien.

Avant d'envisager la procédure contentieuse telle qu'elle se déroule actuellement devant les juridictions administratives tchadiennes **(Section 2)**, il est nécessaire, au préalable, de mettre en relief ses caractères **(Section 1)**.

SECTION 1 : LES CARACTÈRES DE LA PROCÉDURE ADMINISTRATIVE CONTENTIEUSE

Il est traditionnel d'opposer sur de nombreux points la procédure administrative contentieuse de celle observée devant les juridictions de droit commun. Mais, en réalité, il existe un certain rapprochement entre ces deux (2)

[245] *Ibidem.*

[246] La procédure civile est l'ensemble des règles destinées à régler des litiges entre des particuliers. Les parties sont placées dans une même situation de force (égalité entre les parties) et poursuivent des intérêts équivalents (les intérêts privés).

procédures[247]. C'est pourquoi, il convient, pour être complet, de présenter, non seulement, les caractères de la procédure administrative contentieuse s'éloignant de la procédure civile **(Paragraphe 1),** mais aussi, ceux se rapprochant d'elle **(Paragraphe 2)**.

Paragraphe 1 : Les caractères de la procédure administrative contentieuse s'éloignant de la procédure civile

Les caractères de la procédure administrative contentieuse s'opposant à ceux devant le juge du droit commun sont divers. L'on peut en énumérer quelques-uns. Le caractère inquisitoire (A), écrit (B) ainsi que le caractère simple et non suspensif (C).

A. Le caractère inquisitoire

La procédure administrative est dite *« inquisitoire »* et s'oppose traditionnellement de la procédure civile, considérée comme *« accusatoire ».* En effet, dans la procédure administrative contentieuse, le procès est dirigé par le juge et non par les parties. Dire que la procédure administrative est inquisitoriale signifie qu'une fois que le juge est saisi de la requête introductive d'instance, c'est lui qui va mener l'instruction. Le juge dirige et organise

---

[247] Les principes de la procédure administrative contentieuse se rapprochent peu à peu de nos jours de ceux du code de procédure civile. Quelques fois, le juge administratif applique même certaines dispositions de ce code. Mais dans ce dernier cas, l'application du code de procédure civile par le juge administratif relève de sa seule volonté. Dans certains cas, d'ailleurs très rares, les textes qui organisent les procédures administratives contentieuse se réfèrent directement au code de procédure civile. V. à ce titre PEISER (G.), *Contentieux administratif…op.cit.* p.114

l'action, les parties n'ont plus d'initiative à prendre[248]. Cependant, dans la procédure accusatoire, il n'en est pas de même, car ce sont les parties qui dirigent le procès sous le contrôle et l'arbitrage du juge.

Le caractère inquisitoire de la procédure administrative contentieuse confère donc un rôle important au juge administratif. Saisi, c'est lui qui assure la mise en cause des parties intéressées, ordonne les communications en fixant leurs modalités, leur étendue, le délai de réponse, et d'une façon plus générale l'ensemble des rythmes d'instruction[249]. Le juge administratif dispose d'un pouvoir énergétique de clôturer l'instruction à tout moment[250].

Le caractère inquisitoire de la procédure administrative contentieuse se reflète également par le mode de preuve. Et c'est même ici d'ailleurs que l'étendue des pouvoirs du juge administratif trouve toute son expression. Certes, le juge administratif ne peut fonder sa décision que sur les moyens qui lui ont été soumis, mais c'est lui qui détermine librement la valeur de l'argumentation produite par les parties. Il est entièrement libre dans l'admission des modes de preuve et se montre très souvent libéral. En principe, la règle *« actori incumbit probatio »*[251] s'applique devant les juridictions administratives et le demandeur doit apporter des preuves pour emporter la conviction du juge. Cependant, cette règle joue avec bien moins de rigueur qu'en procédure civile. Le juge administratif n'exige cette preuve que dans la mesure où le demandeur a les moyens matériels de les fournir. Dans le cas contraire, le juge se sert de son pouvoir d'instruction en dispensant le demandeur de toute preuve, et met celle-ci à la charge de l'administration. Aussi, le juge se contente-t-il souvent de simples

---

248 *Ibid.* p.117

249 V. les Art. 29, 31 et 33 de la loi n°012/PR/2013, précitée.

250 V. Art. 34 de la loi n°012/PR/2013, précitée.

251 Cette règle signifie « La preuve incombe au demandeur ».

commencements de preuve, de simples présomptions. Il estime fréquemment que les allégations du requérant sont exactes, lorsqu'elles ont un minimum de fondement et si l'administration a refusé de les contredire[252].

Le caractère inquisitoire de la procédure administrative contentieuse permet ainsi au juge d'être non seulement l'intermédiaire entre les parties, mais également de participer à l'établissement de la preuve. Cette procédure est, principalement, écrite.

B. Le caractère écrit

La procédure devant les juridictions administratives est essentiellement écrite. Contrairement à la procédure civile qui donne une importance considérable aux observations orales à l'audience, dans le procès administratif, tel n'est pas le cas. Le principe du caractère écrit de la procédure administrative contentieuse signifie que toutes les observations, les moyens et conclusions sont déposés sous la forme de mémoires écrits. Le droit pour les parties de présenter des observations orales à l'audience n'existe que lorsqu'un texte le prévoit. Au Tchad, la loi n°012/PR/2013 consacre le droit de présenter des observations orales en disposant que, *« lors de l'audience, après le rapport fait sur chaque affaire, les parties peuvent présenter, soit en personne, soit par mandataire, des observations orales à l'appui de leurs conclusions écrites »*[253]. L'expression *« ...à l'appui de leurs conclusions écrites »* mérite d'être expliquée. Elle signifie, au sens strict, que les observations orales faites par le requérant ou son mandataire ne doivent pas comporter des éléments nouveaux. Ces observations orales ne peuvent en principe comporter que l'indication des conclusions et le développement des moyens énoncés

---

[252] PEISER (G.), *Contentieux administratif... op.cit.* p. 117.

[253] V. Art. 36 de la loi n°12/PR/2013, précitée.

dans les mémoires. Les moyens et conclusions nouveaux ne sont pas, en principe, autorisés, sauf si un texte les prévoit explicitement[254]. Et même si c'est le cas, le juge n'est pas obligé d'analyser les moyens présentés au cours des plaidoiries. Le juge ne statue, en général, qu'au vu des pièces figurant au dossier. À la vérité, le droit de présenter des observations orales a pour seul objectif d'éclairer le juge sur les moyens et conclusions écrits.

Il faut aussi dire que les conclusions du commissaire à la loi sont rédigées. Mais lors de l'audience, elles sont faites oralement et en toute indépendance. C'est-à-dire que le commissaire à la loi peut développer librement ses conclusions sur les questions de fait et de droit que présente à juger chaque affaire et donner son opinion sur les solutions à donner au litige. Ainsi, trouve son sens, l'adage *« si l'écrit est serbe, la parole est libre »*.

En fin de compte, le caractère écrit donné à la procédure administrative contentieuse permet, pour ainsi reprendre les termes des Sieurs AUBY et DRAGO, *« ... sans aucun doute un examen plus attentif par le juge des éléments du litige et rend plus ordonné le débat contradictoire »*[255]. À côté de ce caractère écrit, cette procédure a également un caractère simple et non suspensif.

C. Le caractère simple et non suspensif

Le caractère simple de la procédure administrative contentieuse, signifie que devant le juge administratif, celle-ci est peu formaliste. Le juge administratif est saisi, par une simple requête. Cette procédure est relativement simple du fait de la « compréhension » dont fait preuve le

---

[254] Un exemple en ce sens est consacré en matière de référé devant le juge administratif tchadien. V. Art. 42 de la loi n°12/PR/2013 précitée.
[255] AUBY (J-M.) et DRAGO (R.), *Traité de contentieux administratif... op.cit.* p. 865.

juge à l'égard des requérants. Ne possédant qu'une faible connaissance juridique et particulièrement de la procédure, les requérants rédigent souvent mal les requêtes et il revient au juge de faire l'effort de distinguer dans la rédaction : les faits, moyens et conclusions[256].

L'on remarque aussi du caractère peu formaliste de la procédure administrative contentieuse, la non-obligation du ministère d'avocat. En principe, le ministère d'avocat n'est pas obligatoire devant les juridictions administratives[257], mais cette règle comporte des exceptions[258].

La procédure administrative contentieuse se diffère en outre de la procédure civile par le caractère non suspensif des recours. En effet, contrairement à ce que l'on pourrait constater en droit privé, les recours en droit administratif n'ont pas, en principe d'effet suspensif[259]. Cette règle est la conséquence du privilège du préalable[260] dont jouit l'autorité administrative. Elle présente, certes, des inconvénients[261], mais sa justification est logique[262]. Il

---

[256] Tel en est le cas, par exemple, lorsque le juge déclare que, *« considérant qu'il résulte du dossier qu'en ce qui concerne les conclusions susvisées, dans la mesure où on peut les distinguer des conclusions à fin d'annulation... »* (Arrêt n°1-72 du 12 mai 1972, Cour d'appel, chambre administrative et financière, Affaire BOURANGARA Alphonse c/ État tchadien).

[257] Art. 16 al. 1 de la loi n°012/PR/2013, précitée.

[258] Devant la chambre administrative de la Cour suprême, le ministère d'avocat est obligatoire. V. Art. 16 al. 2 de la loi n° 012/PR/2013, précitée.

[259] V. Art. 06 de la loi n° 012/PR/2013, précitée.

[260] Le privilège du préalable signifie que la décision exécutoire bénéficie avant toute vérification par le juge, d'une présomption de conformité au droit. V. RIVERO (J.) et WALINE (J.), *Droit administratif...op.cit.* p. 106.

[261] Par exemple la décision administrative, même illégale, continuera de s'appliquer aux particuliers jusqu'à ce que son illégalité soit établie par une juridiction.

[262] À supposer qu'à chaque fois qu'une juridiction est saisie par un requérant pour contester la non-conformité au droit d'une décision, le

convient toutefois de souligner que le caractère non suspensif du recours n'est pas absolu, il a ses limites[263].

La procédure administrative contentieuse a, certes, des caractères qui lui sont propres, mais l'on peut constater, sur certains points, un rapprochement avec la procédure civile.

Paragraphe 2 : Les caractères de la procédure administrative contentieuse se rapprochant de la procédure civile

Le rapprochement entre la procédure administrative contentieuse et la procédure civile peut être relevé au niveau de leurs caractères contradictoire (A), public (B) et dispositif (C).

A. Le caractère contradictoire

Le principe de la contradiction des points de vue est essentiel à tout procès. Que l'on soit dans le cadre d'un procès civil ou d'un procès administratif, les parties ont le droit d'exposer leurs prétentions et arguments, de connaitre ceux de leurs adversaires. Ainsi, le principe du contradictoire n'est pas le propre de la procédure administrative.

Le caractère contradictoire de la procédure administrative contentieuse consiste en ce que, le débat

---

juge ordonne la suspension d'application de la décision, le principe de la continuité du service public prendrait un sérieux coup. La saisine du juge deviendrait alors une arme aux mains des administrés, pour paralyser l'action administrative.

263 Lorsque l'urgence le justifie et si les exigences de l'ordre public ne s'opposent pas, le juge administratif peut suspendre l'application d'un acte ou procéder au versement d'une provision. Ce sont les mesures d'urgences comme le référé ou le sursis à exécution qui constituent les limites du caractère non suspensif du recours. V. Art. 7 de la loi n°012/PR/2013 précitée.

contradictoire portant sur tous les éléments de droit et de fait pouvant servir au juge à établir son jugement doit être possible à toutes les personnes intéressées à l'instance[264]. D'après un arrêt rendu par le Conseil d'État français, le principe du contradictoire est un *« principe général applicable à toutes les juridictions administratives... »*[265]. Ce principe a un caractère impératif[266]. Le texte qui l'ignorerait sera entaché d'illégalité et le jugement ou l'arrêt qui le méconnaitrait sera censuré en appel ou en cassation. En réalité, la consécration du caractère contradictoire dans un procès va au profit des parties. Il s'agit là d'un droit à l'information : information sur l'existence d'un litige, étant donné qu'une juridiction ne peut statuer si les personnes directement intéressées ne sont pas mises en cause devant elle ou si l'intéressé n'a pas été avisé de la réunion de la juridiction ; information également sur le déroulement de l'instance, puisque les personnes intéressées ont le droit de prendre connaissance de tous les éléments versés aux dossiers.

La consécration du principe du contradictoire devant les juridictions administratives tchadiennes trouve son illustration dans la loi n°12/PR/2013, qui dispose que *« les décisions des chambres administratives sont rendues à l'issue d'une procédure contradictoire (...) »*[267]. Ainsi, le juge administratif ne peut pas remettre en cause cette règle sous peine de voir sa décision censurée devant une juridiction supérieure. Il doit aussi assurer le caractère public de la procédure.

---

[264] AUBY (J-M.) et DRAGO (R.), *Traité de contentieux administratif...op.cit.* p. 867.
[265] CE, 12 mai 1961, Huta.
[266] Ibidem
[267] V. Art. 2 de la loi n°012/PR/2013 précitée.

B. Le caractère public

La procédure administrative contentieuse a longtemps été considérée comme une procédure non publique, c'est-à-dire une procédure secrète. Cette idée doit être aujourd'hui nuancée. Le secret de la procédure administrative subsiste en ce qui concerne l'instruction vis-à-vis des personnes qui ne participent pas à l'instance et qui ne peuvent réclamer communication des pièces du dossier. Le Conseil d'État français a longtemps considéré que la publicité d'une audience devant une juridiction administrative n'était possible et licite que si un texte le prévoyait[268]. Alors que la Cour de cassation française, de son côté, voyait en ce principe une règle d'ordre public. Cependant, l'attitude du Conseil d'État a changé avec, notamment, l'article 6§1 de la Convention européenne des droits de l'homme[269]. Désormais en France, les audiences devant toutes les juridictions, qu'elles soient judiciaires ou administratives, sont publiques.

Le Tchad a aussi consacré la règle selon laquelle, les audiences devant les juridictions doivent être publiques. D'abord, cette règle tire son fondement de la loi n°11/PR/2013 portant Code judiciaire, disposant que *« sauf disposition spéciale contraire à la loi, les audiences sont publiques, à moins que cette publicité ne soit dangereuse pour l'ordre public ou les bonnes mœurs auquel cas la juridiction saisie peut ordonner le huis clos »*[270] . En ce qui concerne les juridictions administratives, c'est la loi n°12/PR/2013 qui vient confirmer ce principe en disposant que *« les décisions des*

268 CE, 25 juin 1948, Brillaud.

269 L'Art. 6 de la CEDH pose le principe du droit à un procès équitable. Il ressort en son paragraphe 1 que *« toute personne a droit à ce que sa cause soit entendue équitablement, publiquement... »*.

270 V. Art. 12 de la loi n°11/PR/2013, portant Code judiciaire au Tchad.

chambres administratives sont rendues à l'issue (...) d'une audience publique, sauf s'il en est disposé autrement par la loi »[271]. Il ressort de ces textes que les audiences devant les juridictions judiciaires ou administratives au Tchad sont publiques, sauf disposition contraire. Au regard de tout ce qui précède, l'on peut aujourd'hui convenir avec Gustave PEISER que, le caractère *« secret de la procédure administrative est relativement limitée »*[272]. Elle est limitée par la consécration du caractère public de l'audience, héritée des juridictions judiciaires.

L'autre trait commun à la procédure administrative contentieuse et celle civile, c'est leur caractère dispositif.

C. Le caractère dispositif

Le caractère dispositif de la procédure signifie que les plaideurs ont en principe la faculté d'initiative, d'impulsion, de désistement et d'acquiescement.

La faculté d'initiative implique que toute personne qui constate un acte administratif qui méconnait ses droits peut prendre l'initiative de saisir la juridiction administrative pour le rétablissement de ces droits. Ainsi, au Tchad, la faculté l'initiative de saisine de la juridiction administrative est un droit reconnu à toute personne, suivant certaines conditions que l'on verra quand il s'agira d'aborder la question de la saisine du juge administratif.

Par la faculté d'impulsion, chaque plaideur a la possibilité de développer ses arguments, de rechercher les preuves et autres éléments qui peuvent influencer la décision du juge. Cette faculté est reconnue dans toutes les procédures. Ainsi, dans la procédure administrative contentieuse, chaque plaideur dans son mémoire a cette

---

[271] V. Art. 2 de la loi n°012/PR/2013, précitée

[272] PEISER (G.), *Contentieux administratif... op.cit.* p.118

liberté d'argumenter ses prétentions pour convaincre le juge.

Enfin, tout plaideur peut, au moment d'un procès, qu'il soit administratif comme judiciaire, acquiescer [273]ou désister[274]. Ainsi, dans la procédure administrative contentieuse, le requérant peut en cours même de l'instance décider de ne plus poursuivre l'affaire soit parce qu'il a trouvé un compromis avec l'administration, soit parce qu'il décide volontairement d'abandonner l'affaire. Bien que ce principe trouve ses limites dans les procès pénaux[275], le principe du dispositif est une règle à laquelle obéit le procès administratif, tout comme le procès civil.

Cette analyse sur les caractères de la procédure administrative contentieuse permet de dire que son autonomie sur la procédure civile est avérée, même si l'on ne peut s'empêcher d'observer un certain rapprochement entre elles. Cette autonomie se confirme dans le déroulement de la procédure proprement dite.

---

[273] Acquiescer lors d'une instance signifie qu'on accepte de signer un accord avec l'autre partie, cet accord mettra donc un terme au procès.

[274] Désister lors d'un procès signifie que le requérant renonce à sa demande, ce qui met fin à l'instance. V. définition du mot « Désistement » donnée par GUINCHARD (S.) et MONTAGNIER (G.), *Lexique des termes juridiques…op.cit.* p. 315.

[275] Il s'agit du procès relevant du contentieux de la répression ou du procès pénal devant les juridictions judiciaires où le juge est saisi par une autorité publique. Les facultés de l'intéressé en ce qui concerne le déroulement de la procédure sont limitées. Dans des pareilles hypothèses, l'acquiescement et le désistement ne sont pas possibles.

SECTION 2 : LE DÉROULEMENT DU PROCÈS ADMINISTRATIF

Le déroulement du procès administratif comporte plusieurs phases. Ainsi, l'on examinera tour à tour la phase préalable à l'introduction de l'instance **(Paragraphe 1)**, la phase de l'instance proprement dite **(Paragraphe 2)** et enfin les voies des recours **(Paragraphe 3)**.

Paragraphe 1 : La phase préalable

Normalement, lorsqu'un litige surgit entre l'administration et le particulier, une certaine procédure peut être mise en marche devant l'administration pour une première tentative de résolution à l'amiable. C'est ce qu'on appelle le recours administratif préalable. Au Cameroun, par exemple, ce recours conditionne toute saisine du juge administratif[276]. En revanche, au Tchad, celui-ci est en principe non obligatoire (A), il ne devient obligatoire que dans certains cas (B).

A. Le principe : la non-exigence du recours administratif préalable

Au Tchad, le recours administratif préalable a été pendant longtemps une condition *sine qua non*[277] pour toute saisine du juge administratif[278]. Les juges ont eu à rappeler également cette règle qui était d'ordre public. Ainsi, dans l'affaire *H.H*[279], le requérant introduisait un recours contentieux pour demander l'annulation d'une décision

---

[276] V. Art. 17 al 1 de la loi n° 2006/022, précitée.

[277] Condition *sine qua non* signifie « une condition sans laquelle cela ne pourrait pas être ».

[278] Art. 74 de la loi n° 006/PR/98, précitée.

[279] Arrêt n° 02/CS/CA du 24 janvier 2001, affaire H.H c/ État tchadien.

ministérielle le frappant d'abaissement d'un échelon. Les juges ont rejeté sa requête pour défaut de recours administratif préalable. Mais, la règle du recours administratif préalable obligatoire éloigne les justiciables africains de la justice moderne[280]. Une pléthore de recours intentés par les plaideurs se voit déclarer irrecevables, pour absence de recours administratif préalable. Or, le juge administratif ne peut valablement jouer son rôle dans la construction de l'État de droit que si l'accès à son prétoire est relativement aisé pour les justiciables[281]. Toute restriction, à l'instar de l'exigence du recours administratif préalable, pourrait être perçue comme un instrument de découragement des potentiels plaideurs. C'est ainsi que le législateur tchadien a pris diverses mesures permettant de citer directement l'administration devant le juge administratif comme un particulier peut citer un autre devant une juridiction judiciaire. Ainsi, la seule condition pour saisir le juge administratif est l'existence *« d'une décision explicite ou implicite d'une autorité publique, y compris en matière indemnitaire »*[282]. La décision dont fait part le législateur est ici, l'existence d'un acte de l'administration, explicite ou implicite, créant le litige.

En matière d'annulation, le législateur est encore plus explicite en précisant que, *« sauf disposition législative ou réglementaire contraire, le demandeur n'est pas tenu de former un recours administratif préalable lorsqu'il saisit une juridiction administrative d'un recours en annulation »*[283]. L'interprétation de cet article est claire. Désormais au Tchad, les recours en annulation ne sont plus

---

[280] V. à ce titre CONAC (G.), « Le juge et la construction de l'État de droit en Afrique », *Mélanges BRAIBANT*, Paris, Dalloz, 1997, pp. 116-117

[281] *Ibidem.*

[282] V. Art. 21 al 2 de la loi n° 012/PR/2013

[283] V. Art. 22 al 1 de la loi n° 012/PR/2013 précitée.

assujettis, comme dans le passé, à l'obligation du recours administratif préalable, hormis, bien évidemment, une disposition contraire qui l'exige. Dans ce cas exceptionnel, son exercice devient obligatoire.

B. L'exception : l'exigence obligatoire du recours administratif préalable

L'adage selon lequel *« on ne surprend pas l'administration en justice ! »* trouve son sens ici. C'est en vertu de cette règle, dernière survivance de la théorie du ministre-juge, que le recours administratif préalable a été institué. Ce recours peut être adressé directement à l'autorité administrative, auteur de l'acte ou à son supérieur hiérarchique. On est en présence d'un recours gracieux dans le premier cas et d'un recours hiérarchique dans le second. Le recours administratif préalable est obligatoire lorsqu'il conditionne la saisine du juge administratif. Au Tchad, ce recours est rendu obligatoire dans certains cas.

Dans l'hypothèse exceptionnelle, ci-dessus mentionnée, de saisine en premier et dernier ressort de la chambre administrative de la Cour suprême en matière de recours en annulation, le requérant est tenu de formuler un recours administratif préalable devant l'administration. Cette démarche a surement pour but d'éviter un engorgement de la chambre administrative de la Cour suprême. Le recours administratif préalable est donc obligatoire avant toute saisine de ce juge, notamment dans le cas des *« recours en annulation dirigés contre les décrets, les actes réglementaires du gouvernement et des organismes collégiaux à compétence nationale, et les décisions individuelles prises par le Président de la République »*[284]. Cette précision qui ne figurait pas dans la précédente ordonnance numéro 015/PR/2018 régissant la Cour

[284] Article 55 de l'ordonnance n°002/PR/2021 précitée.

suprême, se présente aujourd'hui comme une particularité. Lorsqu'un tel recours administratif préalable est déposé devant l'administration, celle-ci dispose d'un délai de quatre (4) mois pour répondre[285].

Une autre exception est consacrée en matière fiscale. Le principe posé est clair : *« le recours gracieux ou hiérarchique est obligatoire »*[286], avant toute saisine du juge. Ainsi, le juge administratif rejettera toute requête qui n'obéira pas à cette règle. Le législateur prévoit que *« le directeur des impôts ou le ministre des Finances a quatre (4) mois pour prendre sa décision explicite de rejet. Passé ce délai, le silence de l'administration peut être considéré comme une décision implicite »*[287]. Ce qui donnera droit au requérant de saisir le juge.

La phase préalable est suivie par la phase de l'instance.

Paragraphe 2 : La phase de l'instance

L'instance se subdivise en trois (3) temps : l'introduction de l'instance ou la saisine du juge (A), l'instruction de l'affaire (B) et enfin le jugement (C).

A. L'introduction de l'instance ou la saisine du juge

Le juge administratif est saisi par un acte écrit qui lui est adressé par le plaideur. Toutefois, le jugement de toute affaire au fond ne peut avoir lieu que si le juge administratif déclare la requête recevable. Pour être recevable, la requête doit remplir certaines conditions : les unes sont relatives à la personne du requérant (1) et les autres relatives à la forme et au délai dans lesquels le plaideur doit intenter sa demande (2).

---

[285] Article 144 de l'ordonnance n°002/PR/2021 précitée.
[286] Art. 22 al. 3 de la loi n° 012/PR/2013 précitée
[287] Art. 22 al. 3, 4 et 5 de la loi n° 012/PR/2013, précitée.

1. Les conditions relatives à la personne du requérant

« Un animal ne peut pas saisir le juge administratif »[288], disait le Professeur Célestin KEUTCHA TCHAPNGA. En d'autres termes, seuls les humains peuvent saisir un juge administratif. L'article 6 de la loi n°012/PR/2013 dispose que *« les chambres administratives des juridictions peuvent être saisies par toute personne (...) »*. Mais la condition d'être une personne ne suffit pas, encore faudrait-il remplir trois conditions (3) à savoir : La capacité (a), l'intérêt à agir (b) et la qualité pour agir (c).

a. La capacité pour ester en justice

Le recours devant une juridiction administrative obéit nécessairement aux règles de droit commun. Il faut avoir la capacité physique, juridique et morale pour saisir un juge.

Avoir la capacité physique signifie que le requérant doit exister au moment de l'introduction de la demande. Autrement dit, le requérant doit être né et demeuré vivant au moment de la saisine du juge. Une demande est irrecevable lorsqu'elle est faite au nom d'une personne décédée à moins que cette personne ait introduit la demande avant sa mort.

En ce qui concerne la capacité juridique et morale, le requérant doit avoir dix-huit (18) ans révolus à la date de l'introduction de la demande et jouir de tous ses droits, c'est-à-dire n'en avoir pas été déchu de ses droits. Ainsi, se trouvent exclus de cette catégorie les mineurs non émancipés, les majeurs incapables tels qu'un malade mental ou encore un interdit judiciaire. Cette catégorie de personne devra faire l'objet d'une représentation. Pour les personnes

---

[288] KEUTCHA TCHAPNGA (C.), *Précis du contentieux administratif … op.cit.* p. 165.

morales, celles-ci doivent avoir la personnalité juridique, c'est-à-dire qu'elles doivent exister légalement.

b. L'intérêt pour agir

L'article 6 de la loi n°012/PR/2013 dispose que, *« les chambres administratives des juridictions peuvent être saisies, par toute personne justifiant d'un intérêt pour agir (...) »*. La règle est claire, pour saisir le juge administratif d'un recours contentieux, il faut d'abord avoir l'intérêt pour agir. Mais comment s'apprécie-t-elle la notion d'intérêt ?

En réalité, c'est le préjudice subi qui fonde l'intérêt du requérant pour agir en justice. Le préjudice peut être physique, moral ou matériel. C'est sur cette base que le requérant peut saisir le juge administratif pour espérer obtenir un profit escompté. Si l'exercice du recours n'est pas susceptible d'offrir un certain avantage pécuniaire ou moral à celui qui en prend l'initiative, la demande doit être déclarée irrecevable. C'est ce qui explique d'ailleurs la maxime *« pas d'intérêt, pas d'action »* qui a pour objet d'éviter des contestations inutiles[289]. Ainsi, l'intérêt peut être personnel[290] ou collectif[291].

c. La qualité pour agir

La qualité pour agir ne doit pas être confondue avec l'intérêt à agir. Si l'intérêt représente l'avantage pécuniaire ou moral qu'espère obtenir le requérant en exerçant l'action en justice, la qualité tient au titre juridique dont se prévaut le requérant pour exercer son action en justice. La qualité

---

289 KEUTCHA TCHAPNGA (C.), *Précis du contentieux administratif ... op.cit.* p. 166 et s.

290 Arrêt n°016/CS/CA/SC/2008 du 16 avril 2008, Sieur X c/ ministère de l'Agriculture.

291 Arrêt n°017/CS/CA/SC/2005 du 7 septembre 2005, Affaire Syndicat des professionnels de la communication (SPC) c/ État tchadien.

consiste dans l'affirmation d'une aptitude à agir pour défendre un intérêt lésé par l'administration[292]. Par exemple, lorsqu'une administration licencie son agent, seul l'agent en question a la qualité pour agir, pour demander l'annulation dudit acte. Cette action ne peut être intentée par un de ses collègues.

La conception d'intérêt pour agir est assez restrictive devant le juge administratif tchadien. Ainsi ce dernier rejette une requête introduite même par l'ascendant d'une personne majeure, au motif que le requérant n'a pas reçu un mandat[293]. La qualité pour agir des personnes morales s'exerce par leurs représentants légaux ou par des personnes mandatées par elles[294].

Les conditions relatives au requérant étant réunies, la requête pour être déclarée recevable par le juge, doit nécessairement respecter les conditions de forme et du délai.

2. Les conditions de forme et de délai

Le juge administratif ne va déclarer une requête recevable que si les conditions de forme (a) et de délai (b) sont satisfaites.

a. Les conditions de forme

Toute requête introductive doit être écrite et déposée au greffe de la juridiction compétente. La première condition de forme, s'imposant aux plaideurs, est que la requête doit être écrite[295]. Ensuite, elle doit comporter les noms,

---

292 OWONA (J), *Le contentieux administratif…op.cit.* p. 92.

293 Arrêt n°017/CS/CA/SC du 19 juin 2001, Affaire B.D c/ État tchadien.

294 Arrêt n°008/CS/CA du 16 septembre 2011, affaire Association des maires c/ Commission électorale nationale indépendante (CENI).

295 V. Art. 24 de la loi n°012/PR/2013, précitée.

prénoms et adresses des parties[296]. Elle est signée par le demandeur ou son représentant et accompagnée d'un bordereau récapitulant toutes les pièces qui y sont jointes[297].

Pour également être recevable, la requête doit obligatoirement contenir l'exposé détaillé des faits et moyens du litige ainsi que les conclusions dont le demandeur saisit la juridiction[298]. Si le recours est dirigé contre un acte d'une autorité administrative, la requête doit impérativement être accompagnée d'une copie de cet acte. En revanche, si le recours est dirigé contre une décision implicite, comme le silence de l'administration, la requête doit être accompagnée d'une copie de la réclamation présentée par le demandeur[299].

Enfin, la requête déposée devant une juridiction doit être accompagnée d'autant de copies qu'il y a de parties en cause[300]. Ainsi, lorsqu'un requérant saisit une juridiction pour attaquer plusieurs parties, il doit y avoir autant de copies de la requête et des pièces, correspondant au nombre de parties indexées.

b. Les conditions de délai

Pour être recevable, la requête doit être déposée dans les délais prescrits. Les délais peuvent varier en fonction des types de recours contentieux. En règle générale, le recours contre une décision d'une autorité publique doit être déposé au greffe de la chambre administrative compétente dans un délai de trois (3) mois[301]. Ainsi, en matière du recours en annulation, par exemple, dès la notification ou la

---

[296] V. Art. 25 al 1 de la loi n°012/PR/2013, précitée.
[297] V. Art. 25 de la loi n°012/PR/2013, précitée.
[298] V. Art. 26 de la loi n°012/PR/2013, précitée.
[299] V. Art. 25 de la loi n°012/PR/2013, précitée.
[300] V. Art. 27 de la loi n°012/PR/2013, précitée.
[301] V. Art. 23 de la loi n° 012/PR/2013, précitée et Art.145 de l'ordonnance n° 002/PR/2021 précitée

publication de la décision, le requérant dispose d'un délai de trois mois pour saisir le juge. Passé ce délai, le juge déclare la requête irrecevable, car hors délai[302].

En matière de recours de plein contentieux, lorsque le requérant introduit une requête en réclamation, l'administration dispose d'un délai de quatre (4) mois pour répondre. Le silence de l'administration, pendant le délai de quatre mois, vaut une décision de rejet implicite de la demande[303]. Le requérant dispose alors d'un délai de trois mois, qui commence à courir à partir de l'épuisement du délai de quatre mois accordés à l'administration[304].

Le respect des délais est donc un impératif dans la procédure contentieuse, car il conditionne le déroulement du procès. Un acte administratif non contesté devant le juge administratif dans les délais ne peut plus, en principe, être attaqué par voie contentieuse.

Les conditions de forme étant remplies et les délais respectés, il ne reste plus qu'au juge de déclarer la requête recevable et de l'examiner au fond. Sa décision passera par l'instruction de l'affaire.

B. L'instruction de l'affaire

Après l'enregistrement de la requête, la juridiction compétente doit procéder directement à l'instruction de l'affaire. Mais il peut arriver que l'urgence qui caractérise la situation conduise le président de la chambre administrative à procéder à des mesures conservatoires avant même d'examiner l'affaire au fond. Ce sont des mesures d'urgence (1) qu'il convient de voir avant la procédure normale (2).

---

[302] Arrêt n°25/CS/CA/SC du 10 juillet 2010, affaire Sieurs X et 8 autres c/ ministère de la Fonction publique et du Travail.

[303] V. Art. 21 al 1 et 22 al 4 de la loi n°012/PR/2013, précitée.

[304] V. Art 23 de la loi n°012/PR/2013, précitée.

1. La procédure d'urgence

Les mesures d'urgence possibles devant le juge administratif tchadien sont : le référé administratif (a) et le sursis à exécution (b).

a. Le référé administratif

Le référé administratif est une procédure contradictoire permettant, en cas d'urgence, d'obtenir du président de la chambre administrative ou son délégué, sans examen du fond, une décision exécutoire provisoire. La condition particulière de recevabilité de la demande de référé est que la chambre compétente soit également saisie, par une requête distincte d'un recours en annulation dirigé contre la même décision ou d'un recours indemnitaire présenté sur le même fondement[305]. Au fond, il faut justifier de l'urgence[306]. Pour que le juge puisse ordonner une mesure conservatoire, il faut que le requérant prouve que l'écoulement du temps entrainera une conséquence irréparable. Enfin, le juge ne peut ordonner une mesure provisoire si les exigences de l'ordre public s'y opposent[307].

Lorsque toutes les conditions sont réunies, le juge de référé fixe la date de l'audience et les parties sont immédiatement averties, par tous les moyens. La procédure devant le juge de référé est contradictoire, écrite et orale. Le juge dispose d'un délai maximal d'un (1) mois pour rendre sa décision à compter de la date de l'enregistrement de la requête. Si le juge trouve la demande du requérant fondée, il octroie la mesure conservatoire sollicitée[308].

---

305 V. Art.7 de la loi n°012/PR/2013, précitée.

306 V. Art. 40 al.3 de la loi n°012/PR/2013, précitée.

307 V. Art.7 de la loi n°012/PR/2013, précitée.

308 Arrêt n° 004/CS/CA/SC du 30 novembre 1999, Affaire MANGUE Djarkem c/ État tchadien.

b. Le sursis à exécution

Longtemps confondu avec le référé administratif, le sursis à exécution se distingue pourtant de ce dernier par son objet.

Le sursis à exécution se définit comme *« la suspension de l'applicabilité d'un acte dans l'attente du jugement à rendre sur sa légalité »*[309]. En principe, le recours contentieux contre une décision administrative ne suspend pas l'exécution. L'administration peut en poursuivre l'exécution, bien que le juge ait été saisi. Mais, cette règle peut entrainer des conséquences irréparables que le jugement, après coup, ne pourra effacer. C'est pourquoi le sursis à exécution est permis, lorsque certaines conditions sont réunies : d'abord, seules les décisions « exécutoires » peuvent faire l'objet d'un sursis à exécution ; ensuite, il faut que l'exécution de l'acte attaqué soit susceptible d'entrainer pour le requérant des conséquences difficilement réparables ou au moins très graves ; enfin, l'exigence d'ordre public est aussi généralement requise comme en matière de référé administratif. En ce qui concerne les conditions de recevabilité de la requête et la procédure à suivre, elles sont, pour l'essentiel, les mêmes que celles devant le juge de référé, sauf exigence particulière[310].

Le législateur tchadien semble avoir consacré cette procédure plutôt sous le prisme du référé-suspension, la notion de sursis à exécution ne figurant pas, de façon expresse, dans la loi n°012 précitée. L'article 7 de cette loi se limite à affirmer que *« lorsque l'urgence le justifie et à moins que les exigences de l'ordre public ne s'y opposent, le juge des référés de la chambre administrative peut*

---

[309] KEUTCHA TCHAPNGA (C.), *Précis du contentieux administratif …op.cit.* p. 176

[310] Il est, par exemple, généralement exigé que la demande de sursis à exécution soit accompagnée de l'acte querellé dont l'annulation est demandée au juge.

ordonner la suspension d'une décision administrative ». L'intervention du « juge des référés » fait de la procédure consacrée, celle du référé-suspension.

Quoi qu'il en soit, le juge administratif tchadien saisi par le requérant d'une demande en ce sens, lorsqu'il estime que celle-ci est fondée, procède à la suspension de l'acte[311]. Dans le cas contraire, il rejette simplement la demande[312].

2. La procédure normale d'instruction

Lorsque toutes les conditions sont réunies, le président de la chambre administrative compétente désigne sans délai, parmi les magistrats, un rapporteur, à qui il transmet le dossier, qui se chargera de diriger l'instruction[313]. Le rapporteur devient ainsi la *« cheville ouvrière »* du dossier. Il transmet la requête et les pièces qui y sont jointes aux parties intéressées et fixe un délai auquel elles peuvent fournir un mémoire en défense[314]. Le rôle du rapporteur dans la conduite de l'instruction est prépondérant, car il prescrit les mesures d'instruction qu'il estime nécessaires. Il peut demander à une partie la communication de tout document ou toute pièce qu'il estime nécessaires à la solution du litige[315].

L'instruction se poursuit par des échanges de mémoires, contre mémoires entre les parties. Chaque partie, après réception d'un mémoire venant de la partie adverse, dispose d'un délai de quinze (15) jours pour répondre[316]. Mais le président et le rapporteur peuvent prolonger ce délai, si

---

[311] Arrêt n° 007/CS/CA/SC/09 du 7 aout 2009, Affaire X et autres c/ ministère de la Culture, de la Jeunesse et des Sports.

[312] Arrêt n° 0002/CS/CA/SC/99 du 10 novembre 1999, Affaire R.K et 3 autres c/ ministère de l'Économie et des Finances.

[313] V. Art. 29 al. 1 de la loi n°012/PR/2013, précitée.

[314] V. Art. 29 al. 2 de la loi n°012/PR/2013, précitée.

[315] V. Art. 29 al. 3 de la loi n°012/PR/2013, précitée.

[316] V. Art. 31 al. 1 de la loi n°012/PR/2013, précitée.

nécessaire[317]. Lorsque le rapporteur estime que l'affaire est en état d'être jugée, il clôt l'instruction et transmet l'affaire au commissaire à la loi qui dispose d'un délai de trente (30) jours pour rédiger ses conclusions. À l'issue de ce délai, les parties sont informées par le président de la date de l'audience[318].

C. Le jugement

L'on abordera tour à tour la séance de jugement (1), la forme et le contenu de celui-ci (2) et enfin, son autorité et son exécution (3)

1. La séance de jugement

Le jour de l'audience publique, le rapporteur expose succinctement l'affaire et ses éléments, puis la parole est donnée aux parties[319]. Après le débat contradictoire entre les parties ou leurs représentants, la parole est donnée au commissaire à la loi qui présente ses conclusions sur la solution à donner au litige[320]. Après l'audience, l'affaire est mise en délibéré, en dehors de la présence des parties, du commissaire à la loi et du greffier[321]. À l'issue du délibéré, la décision est notifiée immédiatement aux parties par le greffier[322].

2. La forme et le contenu du jugement

Toute décision de justice comporte trois (3) parties : les visas, les motifs et le dispositif. Les visas énoncent les

---

[317] V. Art. 31 al. 2 de la loi n°012/PR/2013, précitée.
[318] V. Art. 35 de la loi n°012/PR/2013, précitée.
[319] V. Art. 36 al. 1 de la loi n°012/PR/2013, précitée.
[320] V. Art. 36 al. 2 de la loi n°012/PR/2013, précitée
[321] V. Art. 37 de la loi n°012/PR/2013, précitée
[322] V. Art. 38 de la loi n°012/PR/2013, précitée.

dispositions sur lesquelles le juge s'appuie pour décider. Ils comportent aussi les différentes productions des parties qui ont permis au juge de prendre sa décision. Les motifs sont les parties du jugement qui exposent le raisonnement du juge. Ce sont des parties, portant souvent la mention « considérant que… ». Le dispositif est la partie du jugement qui débute par : « Par ces motifs… ». C'est cette dernière partie qui contient la décision juridictionnelle proprement dite. Parlant des décisions juridictionnelles, il faut dire que celles rendues par les juridictions de première instance prennent le nom de « jugement » ; celles rendues par les Cours d'appel et la Cour suprême, celui d' « arrêt » ; et celles rendues par les juges en matière d'urgence, celui d'« ordonnance ».

Quelle que soit sa qualification, la décision prise par le juge a une certaine autorité et doit être exécutée.

3. L'autorité et l'exécution du jugement

L'autorité de la chose jugée ne s'attache en principe qu'aux arrêts rendus définitifs et aux jugements hors du délai d'appel statuant sur le fond. Lorsqu'une décision est revêtue de la chose jugée, elle s'impose aux administrés ainsi qu'à l'administration. Il faut cependant souligner que, les décisions prises en matière d'urgence ne sont pas revêtues de cette autorité, car, elles ne sont que des mesures provisoires, en attendant le jugement au fond par le juge. Mais cela ne signifie pas que, l'administration peut refuser l'application de la décision du juge octroyant ces mesures.

Cependant, l'un des problèmes majeurs que rencontre la justice administrative au Tchad est relatif à l'exécution de ses décisions après jugement. En effet, lorsqu'une juridiction rend une décision, l'administration traine ou refuse parfois de l'exécuter. Le juge administratif tchadien ne pouvant contraindre l'administration parce que ne disposant pas de pouvoir d'injonction et d'astreinte[323] comme son homologue français[324], reste souvent désarmé face à cette situation.

Le législateur s'est efforcé, néanmoins, de fixer certaines mesures pour l'exécution des décisions du juge administratif. Il prévoit que lorsqu'une autorité publique est condamnée au paiement d'une somme d'argent déterminée, celle-ci est tenue de procéder au mandatement de cette somme dans un délai de quatre (4) mois suivant la date de la décision juridictionnelle. Le cas contraire, le comptable public concerné sera saisi et en assurera l'exécution d'office[325].

Le législateur prévoit également qu'en cas du refus de l'administration d'exécuter une décision dans un délai de six mois, le président de la chambre concernée peut saisir le président de la Cour suprême qui, à son tour, adressera un rapport au ministre intéressé avec ampliation au Président de la République[326]. Cette démarche vise à contraindre l'administration à respecter la décision du juge, notamment lorsqu'elle ne fait pas l'objet d'une voie de recours de réformation.

---

[323] Les textes sont muets sur la question de la reconnaissance du pouvoir d'injonction et d'astreinte au juge administratif tchadien. Par sa jurisprudence, le juge refuse de se reconnaitre des tels pouvoirs en « vertu de la théorie de la séparation des pouvoirs » dit-il. Il en a été ainsi dans l'arrêt n°016/CS/CA/2010 du 30 juin 2010, Affaire BDT c/ État tchadien, dans lequel le juge refuse de faire injonction à l'administration. V. aussi KARYO (C.) « Les entraves à l'efficacité de la justice administrative au Tchad », … *op.cit.* pp. 22-26.

[324] En France, depuis la loi du 8 février 1995 relative à l'organisation des juridictions et à la procédure civile, pénale et administrative, il est reconnu au juge administratif le pouvoir d'injonction et d'astreinte. Le Conseil État a appliqué le pouvoir d'injonction pour la première fois dans son arrêt rendu le 26 mai 1995, dans l'affaire Etna.

[325] Art. 54 de la loi n°012/PR/2013, précitée

[326] Art. 55 de la loi n°012/PR/2013, précitée.

Paragraphe 3 : Les voies de recours

Les décisions des juridictions administratives sont susceptibles de divers recours. On peut les classer en deux (2) grandes catégories : Les voies de reformation (A), qui sont portées devant les autres juridictions que celle qui a rendu la décision, et les voies de rétraction (B), portées devant la juridiction dont émane la décision.

A. Les voies de reformation

Il existe deux voies de reformation des décisions rendues par les juridictions : l'appel et le pourvoi en cassation.

En ce qui concerne l'appel, la loi n°012/PR/2013 dispose que, *« les jugements des chambres administratives des tribunaux de première instance sont susceptibles d'appel devant la chambre administrative de la Cour d'appel »*[327]. Le plaideur dispose d'un délai de deux (2) mois à compter de la date de la notification du jugement pour interjeter appel[328]. Les chambres administratives des Cours d'appel exercent un contrôle en droit et en fait contre les jugements rendus par les chambres administratives des tribunaux de première instance.

Quant aux pourvois en cassation, peuvent en faire l'objet les arrêts rendus par les chambres administratives des Cours d'appel. Le juge du pourvoi ne statue pas, en principe, sur les faits, mais uniquement en droit. L'objet du pourvoi est de constater si les juridictions inférieures ont fait une bonne application du droit. Exceptionnellement, la chambre administrative de la Cour suprême peut connaitre en cassation des pourvois contre les ordonnances rendues par

---

[327] V. Art.47.al 1 de la loi n°012/PR/2013

[328] V. Art. 48 de la même loi.

les chambres administratives des juridictions de première instance[329].

B. Les voies de rétraction

Les voies de rétraction expressément prévues devant le juge administratif tchadien sont : la tierce opposition et le recours en révision, le recours en rectification d'erreur matérielle et le recours en interprétation d'une décision de justice.

S'agissant de la tierce opposition, l'article 50 de la loi n°012/PR/2013 dispose que, *« toute personne peut former tierce opposition à une décision juridictionnelle qui préjudicie à ses droits dès lors que ni elle, ni ceux qu'elle représente n'ont été présents ou régulièrement appelés en qualité des parties dans l'instance ayant abouti à cette décision »*. La tierce opposition est ainsi la voie de recours par laquelle une personne qui n'était pas partie ni représentée dans une instance, demande la reformation ou la rétraction de la décision rendue afin qu'elle lui soit inopposable[330]. Toutefois, il ne suffit pas pour sa mise en œuvre de n'avoir pas été présent, il faut aussi que la décision contestée préjudicie au droit de l'auteur.

Le recours en révision, pour sa part, tend à obtenir du juge, la modification d'une décision lorsque celle-ci a été rendue sur le fondement des fausses pièces, en l'absence des pièces décisives parce que retenues par la partie adverse ou encore parce que la décision est entachée d'une erreur matérielle qui a influencé le jugement[331]. Il peut aussi avoir recours en révision, lorsque la décision est intervenue sans

[329] Il s'agit des ordonnances rendues par les présidents des chambres administratives des tribunaux de première instance telle qu'en matière de référé administratif. V. Art.47 al. 2 de la loi n°012/PR/2013 précitée ; et Art.56 de l'ordonnance n° 002/PR/2021 précitée.
[330] OWONA (J.), *Le contentieux administratif ...op.cit.* p. 111.
[331] V. Art. 52 de la loi n°012/PR/2013, précitée.

respecter la procédure normale de l'instruction ou que la composition de la formation du jugement n'a pas été respectée. Lorsqu'il a été déjà statué sur un premier recours en révision de manière contradictoire, un second recours contre la même décision n'est pas recevable[332]. En ce qui concerne particulièrement les recours en révision des arrêts rendus par la chambre administrative de la Cour suprême, ils relèvent de la compétence des chambres réunies de cette haute juridiction[333].

Le recours en rectification d'erreur matérielle est proche du recours en révision et est même souvent confondu avec ce dernier. Le législateur tchadien ne fait pas de différence entre ces deux recours. C'est ce que l'on peut retenir de l'article 52 de la loi n°012, qui dispose qu' *« un recours en révision peut être introduit contre un arrêt rendu par la chambre administrative de la Cour suprême statuant en premier et dernier ressort lorsque : la décision juridictionnelle est entachée d'erreur matérielle susceptible d'avoir exercé une influence sur le jugement de l'affaire »*. En analysant cette disposition, il s'agit du recours en rectification d'erreur matérielle, car le but de ce recours vise à rectifier une erreur relative à la matérialité des faits constatés par le juge, ou à une erreur du fait du juge, susceptible d'aboutir à la correction postérieure du jugement entrepris[334]. Pour qu'un tel recours puisse être admis, il faut que l'erreur soit *« susceptible d'avoir exercé une influence sur le jugement de l'affaire »*.

Le recours en interprétation d'une décision juridictionnelle peut être prononcé, à la demande d'une des parties à l'instance ayant aboutie à la décision dont l'interprétation est sollicitée. Ce recours a pour but de

---

[332]V. Dernier al. Art. 52 de la loi n°012/PR/2013, précitée.

[333] Art. 89 et 167 de l'ordonnance n°002/PR/2021, précitée.

[334] DEBBASCH (C.) et COLIN (F.), *Droit administratif*, 12e édition, Economica 2018, p. 793

donner une clarté à une décision obscure ou ambiguë. Il est consacré par l'article 53 de la loi n°012, en ces termes : « *Le recours en interprétation d'une décision juridictionnelle est formé devant la juridiction ayant rendu cette décision* ». Le législateur précise également qu'un tel recours n'est possible qu'à la demande des parties ayant pris part au procès. Quant au délai, il est de trois (3) mois suivant la notification de la décision et sous réserve qu'elle ne soit pas entièrement exécutée à la date de l'enregistrement de la requête d'interprétation au greffe de la juridiction[335].

Il convient d'observer pour terminer que l'opposition qui constitue également une voie de rétraction ne semble pas avoir été expressément consacrée devant les juridictions administratives tchadiennes[336]. Il en est de même du recours dans l'intérêt de la loi qui, en France, a une origine prétorienne. Il n'est donc pas exclu, en l'absence de consécration législative expresse, que ces deux formes de recours en rétraction soient mises en œuvre dans le contentieux administratif tchadien.

---

[335] V. Art 53 de la loi n°012/PR/2013, précitée.
[336] Art. 51 de la loi n°012/PR/2013, précitée.

CONCLUSION DU SECOND CHAPITRE

La spécialisation des juridictions administratives s'observe aussi sur le terrain de la procédure suivie devant elles. La procédure administrative contentieuse est ainsi, contrairement à la procédure civile, inquisitoire, écrite, peu formaliste et relativement simple. Mais, elle a aussi, comme la procédure civile, les caractères qui sont : contradictoire, public et dispositif. Son déroulement est tout aussi spécifique. Sur ce point, il faut souligner que la réforme de 2013[337] a apporté certaines nouveautés sur le plan de la procédure administrative contentieuse. Ainsi, le juge administratif tchadien qui, autrefois, ne pouvait être saisi qu'à l'issue d'un recours administratif préalable obligatoire, peut aujourd'hui être saisi sans l'accomplissement de cette formalité, sauf disposition contraire des textes spécifiques. Le recours administratif préalable n'est donc plus obligatoire devant le juge administratif tchadien, sauf quelques hypothèses exceptionnelles. Les grandes lignes de l'instance devant le juge administratif sont ainsi organisées (du moins théoriquement) de manière à concilier l'équilibre entre l'intérêt privé défendu par les particuliers et la satisfaction de l'intérêt général recherchée par l'administration. Le rôle prépondérant que joue le juge dans l'instruction permet de maintenir cet équilibre entre les parties. Une fois que l'affaire est close et le jugement rendu, les parties sont tenues de respecter la décision du juge, car elle est revêtue de l'autorité de la chose jugée et force exécutoire. Mais force est de constater que malgré l'autorité de la chose jugée et la force exécutoire dont revêtent les décisions, celles-ci restent parfois non exécutées par l'administration, le juge

[337] Il s'agit de la loi n°012/PR/2013, précitée.

ne disposant pas des pouvoirs nécessaires pour contraindre ce dernier à le faire.

L'on peut aussi remarquer que contrairement à la France où les règles de base et tous les principes de la procédure administrative contentieuse ont été dégagés lentement et patiemment par le juge administratif, les règles régissant la procédure devant les juridictions administratives au Tchad ont été l'œuvre du législateur. Il n'est donc pas étonnant que la jurisprudence tchadienne soit une source peu importante en la matière.

CONCLUSION DE LA SECONDE PARTIE

En somme, il convient de dire que la spécialisation de la justice administrative au Tchad est effective sur le plan fonctionnel. Cette effectivité se justifie d'une part, par le fait que les litiges mettant en cause l'administration font l'objet de la compétence des juridictions spécifiquement créées à cet effet ; et d'autre part, elle se justifie par le fait que les juridictions chargées de trancher les litiges administratifs disposent d'un ensemble des règles de procédure propres à elles.

Ce qu'il faut dire à propos de la compétence des juridictions administratives au Tchad est que celles-ci ont une compétence générale en matière de contentieux administratif. Le législateur, en posant le principe de la clause générale de la compétence, fait du juge administratif tchadien, juge de droit commun du contentieux administratif. Le juge judiciaire intervient certes lui aussi, en matière administrative, mais sa compétence est résiduelle du fait de la grande partie des litiges administratifs relevant de la compétence du juge administratif.

S'agissant des règles de procédure administrative contentieuse, l'on peut remarquer une avancée considérable avec le législateur de 2013, qui a facilité d'un pas, l'accès au juge administratif en rendant facultatif le recours administratif préalable dans toutes les matières devant les juges de première instance. Le juge administratif tchadien qui, autrefois, ne pouvait être saisi qu'après l'introduction d'un recours administratif préalable ne l'est plus de nos jours, sauf quelques exceptions. Ce recours ne devient obligatoire que lorsqu'il s'agit de saisir le juge administratif suprême en premier et dernier ressort dans certains domaines.

Mais malgré toutes ces ouvertures, le juge administratif tchadien reste très peu saisi. Cette peur d'affronter l'administration semble être inculquée depuis la nuit des temps dans le subconscient des Tchadiens qui préfèrent se résigner à leurs tristes sorts, que d'aller en procès contre celle-ci, même si elle violait leurs droits. Pourtant, il est établi que dans un État de droit, il n'est pas question que l'administration soit au-dessus des lois ; dans un État de droit, l'administration ne peut plus agir à sa guise comme dans l'État de police, car le droit pèse sur elle comme une épée de Damoclès.

CONCLUSION GÉNÉRALE

Au terme de cette étude menée sur la justice administrative au Tchad, il y a lieu de dire que celle-ci connait une spécialisation mitigée. Comme l'on a pu le démontrer tout au long de cet ouvrage, la spécialisation de la justice administrative est ineffective sur le plan organique ; en revanche, sur le plan fonctionnel, cette spécialisation est effective, donc reconnue.

La remise en cause de la spécialisation, sur le plan organique, se justifie par le fait que la justice administrative ne dispose pas d'une réelle autonomie sur ce plan. Car, l'on a constaté que, d'une part, il y a une inexistence d'un cadre structurel propre aux juridictions administratives et, d'autre part, une absence de spécialisation en contentieux administratif du personnel siégeant dans les juridictions administratives. En revanche, cette spécialisation est effective sur le plan fonctionnel en raison du fait que le domaine des litiges administratifs est défini, puis confié aux juridictions administratives qui font application des règles de procédure spécifiques.

Il faut le dire aujourd'hui, sans ambages, la justice administrative tchadienne connait des difficultés. Mais ces difficultés ne sont pas pour autant une fatalité. Elles sont surmontables, si nombre de mesures sont prises.

Si le Tchad a choisi la voie du dualisme juridictionnel, il devrait, s'il souhaite appliquer intégralement ce système, prendre les mesures qui s'imposent.

D'abord, pour être tout à fait spécialisée, la justice administrative doit retrouver son autonomie sur le plan organique. Pour ce faire, l'autonomisation de la justice administrative sur le plan structurel devrait d'abord commencer par une effectivité de toutes les chambres administratives créées par les textes. Une fois ces juridictions rendues effectives, le législateur pourra les rendre autonomes. Ainsi, l'autonomisation de la justice administrative devra passer par la transformation des chambres administratives actuelles en de véritables juridictions autonomes. Nombre de pays d'Afrique noire francophones l'ont réussi, ces dernières années, de façon remarquable. En effet, le développement d'un droit administratif n'est viable que dans le cadre d'une dualité des juridictions bien établie. En outre, cette dualité est nécessaire, dans un contexte comme celui du Tchad, pour la construction de l'État de droit[338].

Ensuite, cette spécialisation devra se poursuivre sur le plan personnel, c'est-à-dire les agents du service public de la justice administrative. Les juridictions administratives au Tchad ne peuvent avoir une réelle spécialisation que si elles disposent d'un personnel spécialisé en contentieux administratif qui siègerait dans lesdites juridictions. La spécialisation du personnel en charge d'assurer les fonctions dans les juridictions administratives est une condition *sine qua non* pour une justice efficace. Ainsi, en

---

[338] V. en ce sens GAUDEMET (Y.), « L'avenir de la juridiction administrative » … *op.cit.* p. 511 ; HOTI (P.) et HOXHAJ (E.), « L'existence d'ordre juridictionnel comme spécialisation de la justice » … *op.cit.* pp. 39-50.

prenant appui sur les exemples d'autres pays qui sont allés dans ce sens, le Tchad pourrait créer une division en droit et contentieux administratif à l'ENFJ, pour former les futurs magistrats et greffiers de l'ordre administratif. De cette façon, le Tchad assurerait mieux la spécialisation de la justice administrative.

Puis, s'agissant de la délimitation de compétence entre le juge judiciaire et le juge administratif, le législateur tchadien pourra penser à définir clairement les règles fixant la compétence du juge judiciaire qui semble être le juge d'exception du contentieux administratif. Le juge administratif étant reconnu comme juge de droit commun du contentieux administratif, une délimitation de la compétence du juge judiciaire par les textes évitera les éventuels conflits de compétence.

Aussi, en ce qui concerne la procédure administrative contentieuse, un renforcement des pouvoirs du juge administratif serait envisageable, car celui-ci se trouve souvent désarmé face à une administration qui refuserait de se soumettre à sa sentence. De ce fait, en conférant au juge administratif le pouvoir d'injonction et d'astreinte, il pourra mieux assurer son rôle de protecteur de la légalité. Comme l'affirme Jacqueline MORAND-DEVILLER à juste titre, *« l'injonction et l'astreinte constituent des mécanismes coercitifs propres à faire chanceler le mauvais vouloir de l'administration »*[339].

En définitive, il est vrai que l'émergence d'une justice administrative spécialisée exige des moyens humains et financiers nécessaires ; cependant, elle permet une meilleure appréhension des problèmes posés par la puissance publique, sans mettre en péril les intérêts des

---

[339] MORAND-DEVILLER (J.), *Cours de droit administratif*, 5e éd. Paris, 1997, p. 632, Cité par KARYO (C.), « Les entraves à l'efficacité de la justice administrative au Tchad » … *op.cit.* p. 26.

particuliers, dont le droit d'accès à la justice doit être garanti.

Ainsi, si la spécialisation de la justice administrative peut certainement avoir l'avantage d'accroître l'efficacité de celle-ci, la question du droit d'accès à cette justice reste également une problématique majeure au Tchad.

LISTE DES ANNEXES

ANNEXE 1 : Loi n° 012/PR/2013, portant organisation et fonctionnement des juridictions statuant en matière de contentieux administratif ;
ANNEXE 2 : Extrait de l'ordonnance n°015/PR/2018, portant attribution, organisation et règles de procédure devant la Cour suprême ;
ANNEXE 3 : Arrêt n° 002/CS/CA, du 10 novembre 1999, R.K et 3 autres c/ ministère de l'Économie et des Finances, *Revue juridique tchadienne*, n° 11, novembre 2005, pp. 7-8 ;
ANNEXE 4 : Arrêt n°004/CS/CA du 30 novembre 1999, MANGUE Djarkem c/ État tchadien, *Revue juridique tchadienne*, n°009, décembre 2004, pp. 46-47 ;
ANNEXE 5 : Arrêt n°004/CS/CA du 10 mai 2000, Chambre nationale des Notaires c/ État tchadien, *Revue juridique tchadienne*, n°10, juin 2005, pp. 36-37 ;
ANNEXE 6 : Arrêt n°002/CS/CA du 24 janvier 2001, H.H c/ État tchadien, *Revue juridique tchadienne,* n° 009 décembre 2004, pp. 30-31 ;
ANNEXE 7 : Arrêt n°17/CS/CA du 19 juin 2001, BD c/ État tchadien, *Revue juridique tchadienne* n° 09, décembre 2001, p.29 ;
ANNEXE 8 : Arrêt n°008/CS/CA du 12 juin 2002, H.S c/ État tchadien, *Revue juridique tchadienne* n°12 ; juillet 2006, pp. 39-40 ;

ANNEXE 9 : Arrêt n° 017/CS/CA du 07 septembre 2005, Syndicats des Professionnels de la Communication (SPC) c/ État tchadien, *Revue juridique tchadienne*, n° 12, juillet 2006, pp. 46-49 ;

ANNEXE 10 : Arrêt n°038/CS/CA du 24 septembre 2008, Ayant droit DJIDINGAR DONO Ngardoum c/ État tchadien ;

ANNEXE 11 : Arrêt n°007/CS/CA du 07 aout 2009, X et autres c/ ministère de la Culture, de la Jeunesse et des Sports, *Revue juridique tchadienne*, n° 21, décembre 2011, pp. 13-15 ;

ANNEXE 12 : Arrêt n°019/CS/CA du 14 juillet 2010, D.L et 9 autres c/ ministère de l'Intérieur et de la Sécurité Publique, *Revue juridique tchadienne*, n°27, mars 2016, pp. 11-12.

ANNEXE 13 : Arrêt n° 001/CJ/CEMAC/CJ/07 du 01/02/2007, Société anonyme des Brasseries du Cameroun c/ République du Tchad.

ANNEXE 1 : Loi n° 012/PR/2013, portant organisation et fonctionnement des juridictions statuant en matière de contentieux administratif

Loi n°012/PR/2013 portant organisation et fonctionnement des juridictions statuant en matière de contentieux administratif

Vu la Constitution ;
L'Assemblée nationale a délibéré et adopté en sa séance du 29 mai 2013 ;
Le Président de la République promulgue la loi dont la teneur suit :

Titre I : De l'organisation et du fonctionnement des juridictions

Chapitre 1 : Dispositions générales

Article 1 : Les juridictions chargées du contentieux administratif sont :

- la chambre administrative de la Cour suprême ;

- les chambres administratives des cours d'appel ;

- les chambres administratives des Tribunaux de première instance.

Article 2 : Les décisions des chambres administratives sont rendues à l'issue d'une procédure contradictoire et d'une audience publique, sauf s'il en est disposé autrement par la loi.

Article 3 : Lors de l'audience publique, un commissaire à la loi expose, en toute indépendance, les questions de fait et de droit que présente à juger chaque affaire et fait connaître son opinion sur les solutions à donner au litige.

Le ministère public n'est pas représenté devant les juridictions administratives.

Article 4 : Les commissaires à la loi sont nommés auprès de chaque juridiction comprenant une chambre administrative par le Président de la République, après avis du Conseil supérieur de la magistrature sur proposition du Garde des Sceaux, Ministre de la justice. Ils sont choisis soit parmi les magistrats, soit parmi les fonctionnaires spécialistes des questions administratives et comptant au moins cinq années de services administratifs dans la Fonction Publique.

Lorsqu'ils n'avaient pas auparavant la qualité de magistrat, les nommés dans les fonctions de commissaire à la loi bénéficient, pendant toute la durée de leur affectation dans cette fonction, des mêmes droits et des mêmes garanties que les magistrats.

Article 5 : Par dérogation à l'article 2 ci-dessus, le président d'une chambre administrative peut, par ordonnance rendue sans audience préalable :

1. donner acte des désistements ;

2. rejeter les requêtes ne relevant manifestement pas de la compétence de la juridiction saisie ;

3. constater que l'objet de la requête ayant disparu du fait du retrait de la décision contestée ou du versement de l'indemnité demandée, il n'y a pas lieu de statuer ;

4. rejeter les requêtes manifestement irrecevables lorsque cette irrecevabilité n'est pas susceptible d'être régularisée ou lorsque le demandeur, malgré une demande en ce sens adressée par la juridiction n'a pas procédé à la régularisation de sa requête dans le délai qui lui était imparti.

Lorsque le président d'une chambre administrative envisage de faire usage de la procédure prévue au présent article, il en informe au préalable les parties et leur fixe un délai, qui ne peut être inférieur à quinze jours, durant lequel elles peuvent faire valoir leurs observations.

Chapitre 2 : Des différentes voies de recours

Article 6 : Les chambres administratives des juridictions peuvent être saisies, par toute personne justifiant d'un intérêt pour agir, d'un recours tendant à l'annulation d'un acte administratif, dénommé recours en annulation, ou d'un recours tendant à la condamnation d'une personne publique au paiement d'une somme d'argent, dénommé recours indemnitaire.

Lorsque le litige porte sur l'annulation d'une décision mettant à la charge du demandeur une somme d'argent, la juridiction peut prononcer la décharge totale ou partielle de la somme en litige.

Les recours prévus au présent article sont dépourvus d'effet suspensif.

Article 7 : Lorsque l'urgence le justifie et à moins que les exigences de l'ordre public ne s'y opposent, le juge des référés de la chambre administrative peut ordonner la suspension d'une décision administrative ou le versement d'une provision.

Une requête en référé tendant à la suspension d'une décision ou au versement d'une provision n'est recevable que si la chambre compétente est également saisie par une requête distincte, d'un recours en annulation dirigé contre la même décision ou d'un recours indemnitaire présenté sur le même fondement.

Article 8 : Saisi d'une demande en ce sens justifiée par l'urgence, le juge des référés de la chambre administrative peut ordonner toute mesure nécessaire à la sauvegarde d'une liberté fondamentale à laquelle une autorité publique aurait porté, dans l'exercice de ses pouvoirs, une atteinte grave et manifestement illégale.

Article 9 : Saisi d'une demande en ce sens, le juge des référés de la chambre administrative peut prescrire toute mesure utile de constat ou d'expertise relative à un litige né ou susceptible de naître et relevant de la compétence des juridictions administratives.

Article 10 : Par dérogation aux dispositions des articles 2 et 3 de la présente loi, les procédures de référé prévues au présent chapitre sont jugées par le président de la chambre administrative saisie ou par le magistrat qu'il désigne. La décision est rendue à l'issue d'une procédure contradictoire et d'une audience publique, sans conclusions du commissaire à la loi.

Article 11 : Lorsque, à l'occasion d'un litige porté devant une juridiction civile, commerciale, sociale ou pénale, la légalité d'un acte administratif est contestée, la juridiction concernée doit saisir la chambre administrative d'un recours en appréciation de légalité.

Un recours en appréciation de légalité doit également être présenté par la chambre administrative d'un Tribunal de grande instance ou d'une Cour d'appel lorsque la résolution du litige dont elle est saisie implique nécessairement qu'elle se prononce sur la légalité d'un acte administratif dont le contentieux de l'annulation relève, en premier et dernier ressort, de la Cour suprême.

Le recours en appréciation de légalité est présenté devant la chambre administrative compétente pour prononcer l'annulation de l'acte administratif dont la légalité est contestée, en application des articles 12 et 13 ci-dessous.

Titre II : De la compétence des chambres administratives

Chapitre 1 : De la compétence matérielle

Article 12 : Les chambres administratives des tribunaux de première instance sont, en premier ressort, juge de droit commun du contentieux administratif.

Toutefois, la chambre administrative de la Cour suprême est compétente pour connaître, en premier et dernier ressort :

- des recours en annulation dirigés contre les décrets, les actes réglementaires du gouvernement et des organismes collégiaux à compétence nationale et décisions individuelles prises par le Président de la République,

- des recours relatifs à l'élection des membres des Assemblées des collectivités territoriales ;

- des recours formés contre les décisions du comité de recours et de règlement amiable prévu à l'article 120 du Code des marchés publics.

Article 13 : La chambre administrative de la Cour suprême connait des pourvois en cassation formés contre les arrêts rendus par les chambres administratives des cours d'appel, contre les ordonnances des présidents des chambres administratives des tribunaux de grande instance et des cours d'appel en application de l'article 5 ci-dessus et contre les ordonnances des juges des référés des tribunaux de grande instance.

Chapitre 2 : De la compétence territoriale

Article 14 : Les recours relevant de la compétence d'un Tribunal de grande instance sont portés devant le Tribunal dans le ressort duquel se trouve le domicile ou le siège social du demandeur.

Article 15 : La Cour d'appel est compétente pour connaitre en appel le jugement d'une chambre administrative d'un Tribunal de grande instance relevant de son ressort territorial.

Titre III : De la procédure suivie devant les chambres administratives

Chapitre 1 : Dispositions générales

Article 16 : Devant les chambres administratives des juridictions, les requérants peuvent se présenter eux-mêmes ou se faire représenter par un avocat inscrit au Barreau du Tchad ou de tout autre pays reconnaissant la réciprocité de l'intervention des avocats.

Toutefois, pour les recours en cassation présentés devant la chambre administrative de la Cour suprême, le ministère d'avocat est obligatoire à peine d'irrecevabilité de la requête.

Article 17 : Devant les juridictions administratives, l'État est représenté par le Secrétariat général du gouvernement assisté du ministère intéressé ou par une personne ayant reçu délégation écrite à cet effet.

Toutefois, en matière de contentieux fiscal, l'État est représenté par le ministère chargé des finances ou son représentant.

Les collectivités publiques et les personnes morales de droit public autres que l'État sont représentées par leur représentant légal ou par un avocat inscrit au Barreau du Tchad.

Article 18 : Devant l'ensemble des chambres des juridictions administratives, à compter de l'enregistrement d'une requête, la juridiction saisie dispose d'un délai de trois mois pour procéder à l'audiencement de l'affaire, et d'un délai de six mois pour notifier son jugement définitif.

Toutefois, lorsque les circonstances particulières de l'affaire le justifient, le président de la chambre administrative saisie peut, dès l'enregistrement de la requête, fixer des délais différents. Les parties en sont averties sans délai.

Lorsque la juridiction administrative constate que le litige dont elle est saisie nécessite de saisir la Cour de Justice de la Communauté Économique et Monétaire de l'Afrique Centrale ou une autre juridiction internationale d'une question préjudicielle, les délais mentionnés aux alinéas précédents sont suspendus à compter de la date de saisine de la juridiction internationale compétente pour statuer sur la question préjudicielle et jusqu'à la notification aux parties de la décision rendue par cette juridiction.

Article 19 : Devant les Tribunaux de grande instance, lorsque aucun audiencement ou aucun jugement n'est intervenu à l'issue des délais mentionnés à l'article précédent, l'une des parties peut demander au président de la chambre administrative de la Cour d'appel compétente de constater la carence de la juridiction de grande instance et de se saisir directement du litige.

Le président de la chambre administrative de la Cour d'appel statue sur cette demande dans un délai d'un mois à compter de sa saisine, par une ordonnance rendue sans audience publique ni conclusions du commissaire à la loi.

Cette ordonnance rendue en premier et dernier ressort est susceptible de pourvoi devant la chambre administrative de la Cour suprême.

Article 20 : Devant les Cours d'appel, lorsqu'aucun audiencement ou aucun jugement n'est intervenu à l'issue des délais mentionnés à l'article 18 ci-dessus, l'une des parties peut demander au président de la chambre administrative de la Cour suprême de constater la carence de la juridiction d'appel et de se saisir directement du litige.

Le président de la chambre administrative de la Cour suprême statue sur cette demande dans un délai d'un mois à compter de sa saisine, par une ordonnance rendue sans audience publique ni conclusions du commissaire à la loi.

Chapitre 2 : Des dispositions applicables devant les tribunaux de grande instance et devant la chambre administrative de la Cour suprême statuant en premier et dernier ressort

Article 21 : Le silence gardé par une autorité publique pendant une durée de quatre mois sur une réclamation vaut décision implicite de rejet de cette réclamation.

Les chambres administratives ne peuvent être saisies que par voie de recours contre une décision explicite ou implicite d'une autorité publique, y compris en matière de recours indemnitaire.

Article 22 : Sauf disposition législative ou réglementaire contraire, le demandeur n'est pas tenu de former un recours administratif préalable lorsqu'il saisit une juridiction administrative d'un recours en annulation.

Toutefois, si l'autorité publique saisie est un organe collégial qui ne siège pas de manière permanente, ce délai ne commence à courir, le cas échéant, qu'à compter de l'ouverture de la grande session légale suivant la réclamation au cours de laquelle cet organisme siégera.

En matière fiscale, le recours gracieux ou hiérarchique est obligatoire.

Le Directeur Général des Impôts ou le Ministre des Finances a quatre (4) mois pour prendre sa décision expresse de rejet.

Passé ce délai, et si aucune réponse n'est parvenue à cette réclamation, ce silence équivaut à une décision implicite de rejet.

Article 23 : Sauf disposition législative contraire, le recours contre une décision d'une autorité publique doit être déposé au greffe de la chambre administrative compétente dans un délai de trois mois. Ce délai commence à courir à compter de la notification ou de la publication de la décision si elle est explicite, ou à compter de la fin du délai de quatre mois mentionnée à l'article précédent si elle est implicite.

Toutefois, en matière de recours indemnitaire, toute décision explicite intervenant postérieurement à l'expiration du délai prévu à l'article précédent fait courir un nouveau délai de recours de trois mois.

Article 24 : La chambre administrative est saisie par une requête écrite, qui doit être déposée auprès du greffe de la juridiction compétente ou lui être adressée par lettre recommandée avec accusé de réception.

Les requêtes sont enregistrées par le greffier de la juridiction, dès leur réception et dans l'ordre de leur arrivée, dans un registre spécial. Elles sont marquées d'un timbre indiquant la date de leur dépôt.

Article 25 : La requête comporte les noms, prénoms et adresse des parties. Elle est signée par le demandeur ou son représentant. Elle est accompagnée d'un bordereau récapitulant les pièces qui y sont jointes.

A peine d'irrecevabilité, et sauf impossibilité justifiée, elle est accompagnée d'une copie de la décision attaquée ou, lorsqu'il s'agit d'une décision implicite, d'une copie de la réclamation présentée par le demandeur en application de l'article 22 ci-dessus.

Article 26 : La requête doit, à peine d'irrecevabilité, contenir l'exposé détaillé des faits et moyens du litige ainsi que des conclusions dont le demandeur saisit la juridiction.

Un mémoire qui ne contient l'exposé d'aucun moyen, d'aucun fait ou d'aucune conclusion ne peut faire l'objet d'aucune régularisation.

Article 27 : La requête et les pièces qui y sont jointes sont accompagnées d'autant de copies qu'il y a de parties en cause.

Article 28 : Lorsque la requête ne remplit pas les conditions prévues aux articles 23 à 27 ci-dessus, le greffier en informe le demandeur et lui fixe un délai, qui ne peut être inférieur à un mois, pour régulariser sa requête. Passé ce délai, le président de la chambre administrative saisie peut faire usage des pouvoirs qu'il tient de l'article 5.

Article 29 : Après l'enregistrement de la requête, le président de la chambre administrative désigne sans délai parmi les magistrats de la chambre un rapporteur auquel il transmet le dossier en vue de sa mise en état.

Le rapporteur prescrit la notification de la requête et des pièces qui y sont jointes aux parties intéressées et fixe le délai dans lequel elles peuvent produire un mémoire en défense.

Il prescrit les mesures d'instruction qu'il estime nécessaires à la solution du litige, et peut notamment ordonner la communication de toute pièce ou document et faire procéder à toute mesure d'expertise contradictoire.

Article 30 : Les mémoires en défense sont déposés au greffe de la juridiction ou lui sont adressés par voie postale. Ils doivent être signés par leur auteur et accompagnés, le cas échéant, d'un bordereau récapitulant les pièces qui y sont jointes.

Ce mémoire et les pièces qui y sont jointes sont accompagnés d'autant de copies qu'il y a de parties en cause.

Article 31 : Le mémoire en défense est transmis au demandeur et, le cas échéant, aux autres parties, qui peuvent produire de nouvelles observations dans un délai de quinze jours suivant la notification du mémoire en défense. Ces nouvelles observations sont communiquées au défendeur et le cas échéant, aux autres parties, qui disposent d'un nouveau délai de quinze jours pour y répondre.

Le rapporteur ou le président de la chambre administrative saisie peuvent prolonger les délais mentionnés ci-dessus lorsque les circonstances particulières de l'affaire le justifient.

Article 32 : Lors de leur arrivée au greffe de la juridiction, les mémoires, pièces et courriers produits par toutes les parties sont marqués d'un timbre indiquant la date de leur dépôt.

Article 33 : Lorsqu'un défendeur n'a pas produit de mémoire en défense dans le délai qui lui était imparti en application de l'article 28 de la présente loi, il est mis en demeure de produire par le président de la chambre administrative saisie, qui lui fixe un nouveau délai qui ne peut être inférieur à quinze jours.

Si cette mise en demeure reste sans effet, le défendeur est réputé avoir acquiescé aux faits exposés dans le recours et l'affaire est jugée sans délai.

Article 34 : Lorsque le rapporteur estime que l'affaire est en état d'être jugée, il transmet le dossier au commissaire à la loi, qui dispose d'un délai de trente jours pour rédiger ses conclusions.

A l'issue de ce délai, le dossier est transmis au président de la chambre administrative saisie en vue de son audiencement.

Article 35 : Le président de la chambre administrative arrête le rôle des audiences, qui est affiché au sein de la juridiction et communiqué aux parties concernées qui sont convoquées au moins quinze jours avant l'audience.

Article 36 : Lors de l'audience, après le rapport fait sur chaque affaire, les parties peuvent présenter, soit en personne, soit par mandataire, des observations orales à l'appui de leurs conclusions écrites.

A l'issue de ces observations, le commissaire à la loi prononce publiquement ses conclusions sur l'affaire.

Article 37 : Après l'audience, l'affaire est examinée en délibéré en dehors de la présence des parties, du commissaire à la loi et du greffier.

Article 38 : La décision est signée par le président de la formation de jugement et le greffier.

Après signature, la décision est notifiée immédiatement par le greffier à l'ensemble des parties par voie administrative ou par courrier recommandé avec accusé de réception.

Chapitre 3 : Des dispositions applicables devant la chambre administrative de la Cour suprême statuant comme juge de cassation

Article 39 : Les dispositions des articles 23 à 38 ci-dessus sont applicables devant la chambre administrative de la Cour suprême statuant comme juge de cassation.

Chapitre 4 : Des dispositions applicables en matière de référé

Article 40 : La requête en référé est présentée par un mémoire distinct, qui comporte un exposé sommaire des faits et moyens du litige ainsi que des conclusions dont le demandeur saisit la juridiction.

Elle comporte également les noms, prénoms et adresse des parties. Elle est signée par le demandeur ou son représentant. Elle est accompagnée d'un bordereau récapitulant les pièces qui y sont jointes.

Pour les référés mentionnés aux articles 7 et 8 de la présente loi, la requête précise les circonstances justifiant de l'urgence de l'affaire.

Pour les référés tendant à la suspension d'une décision administrative ou au versement d'une provision, elle est accompagnée d'une copie du recours en annulation ou du recours indemnitaire en complément duquel elle est présentée.

Article 41 : Dès son enregistrement, la requête en référé est communiquée au défendeur qui doit y répondre dans un délai n'excédant pas une semaine.

La date de l'audience est fixée par le juge des référés dès l'enregistrement de la requête et les parties en sont averties immédiatement et par tous moyens.

Article 42 : La procédure devant le juge des référés est contradictoire, écrite et orale. Lors de l'audience, les parties peuvent présenter des arguments et moyens qu'ils n'ont pas développés par écrit.

Toutefois, les parties ne peuvent pas présenter de conclusions ou de demandes nouvelles lors de l'audience.

Article 43 : Par dérogation aux dispositions de l'article 17 de la présente loi, le juge des référés doit rendre sa décision dans un délai maximal d'un mois à compter de l'enregistrement de la requête.

Chapitre 5 : Des dispositions applicables en matière de contentieux électoral

Article 44 : Le recours déposé par le ministre de l'intérieur, par tout électeur, par tout candidat ou par tout parti ou coalition de partis tendant à l'annulation de l'élection des membres de l'assemblée d'une collectivité locale est déposé au greffe de la chambre administrative de la Cour suprême dans un délai de quinze jours suivant la proclamation des résultats du scrutin.

Article 45 : Le recours mentionné à l'article précédent est présenté par écrit et comporte l'énoncé des motifs de faits et de droit qui le fondent.

Il est communiqué sans délai à l'ensemble des personnes dont l'élection est contestée et au secrétaire général du gouvernement, qui peuvent produire des observations dans un délai de quinze jours.

Article 46 : La Cour suprême statue sur les recours mentionnés à l'article 44 ci-dessus dans un délai d'un mois à compter de l'enregistrement du recours.

Chapitre 6 : Des voies de recours

Article 47 : Les jugements des chambres administratives des tribunaux de grande instance sont susceptibles d'appel devant la chambre administrative de la Cour d'appel.

Toutefois, les ordonnances rendues en matière de référé par le président de la chambre administrative d'un tribunal de grande instance ou le magistrat qu'il délègue sont seulement susceptibles d'un pourvoi en cassation devant la chambre administrative de la Cour suprême.

De même, les ordonnances rendues par les présidents des chambres administratives des tribunaux de grande instance et des cours d'appel en application de l'article 5 de la présente loi sont seulement susceptibles d'un pourvoi en cassation devant la chambre administrative de la Cour suprême.

Les arrêts rendus par les chambres administratives des cours d'appel peuvent faire l'objet d'un pourvoi en cassation devant la chambre administrative de la Cour suprême.

Article 48 : L'appel des jugements rendus par les chambres administratives des tribunaux de grande instance est formé dans le délai de deux mois suivant la notification du jugement contesté.

Les dispositions des articles 23 à 38 de la présente loi sont applicables devant les chambres administratives des cours d'appel.

Article 49 : Les pourvois en cassation contre les arrêts rendus par les chambres administratives des cours d'appel, contre les ordonnances des présidents des chambres administratives des tribunaux de grande instance et des cours d'appel en application de l'article 5 de la présente loi et contre les ordonnances des juges des référés des tribunaux de grande instance sont formés dans le délai de deux mois suivant la notification de l'arrêt ou de l'ordonnance contestée.

Article 50 : Toute personne peut former tierce opposition à une décision juridictionnelle qui préjudicie à ses droits, dès lors que ni elle ni ceux qu'elle représente n'ont été présents ou régulièrement appelés en qualité de parties dans l'instance ayant abouti à cette décision.

La tierce opposition est formée devant la juridiction ayant rendu la décision contestée. Elle est instruite et jugée selon les règles définies aux articles 23 à 37 de la présente loi.

Article 51 : Les jugements, arrêts et ordonnances rendus par les chambres administratives des juridictions ne sont pas susceptibles d'opposition.

Article 52 : Un recours en révision peut être introduit contre un arrêt rendu par la chambre administrative de la Cour suprême statuant en premier et dernier ressort lorsque :

1. la décision juridictionnelle a été rendue sur le fondement de pièces fausses ;

2. la partie perdante a été empêchée de présenter des pièces qui étaient retenues par son adversaire ;

3. la décision juridictionnelle est entachée d'une erreur matérielle susceptible d'avoir exercé une influence sur le jugement de l'affaire ;

4. la décision est intervenue sans que les dispositions de la présente loi relatives à l'ins-

truction des affaires, à la composition de la formation de jugement ou à la tenue de l'audience aient été respectées.

Dans les cas mentionnés aux points 1) et 2), un recours en révision peut également être introduit contre une décision devenue définitive rendue par la chambre administrative d'un tribunal de première instance ou d'une Cour d'appel. Le recours en révision est instruit selon les règles définies aux articles 23 à 38 de la présente loi.

Le recours en révision est formé devant la juridiction administrative ayant rendu la décision contestée. Toutefois, lorsqu'il est dirigé contre un arrêt de la chambre administrative de la Cour suprême, il est jugé par cette juridiction siégeant en chambres réunies.

Lorsqu'il a été statué sur un premier recours en révision de manière contradictoire, un second recours contre la même décision n'est pas recevable.

Article 53 : Le recours en interprétation d'une décision juridictionnelle est formé devant la juridiction ayant rendu cette décision.

Le recours est formé par les parties au litige ayant donné lieu à la décision juridictionnelle dont l'interprétation est demandée dans un délai de trois mois suivant la notification de cette décision et sous réserve qu'elle ne soit pas entièrement exécutée à la date d'enregistrement au greffe de la juridiction compétente de la demande d'interprétation.

Le recours en interprétation est instruit selon les règles définies aux articles 23 à 38 de la présente loi.

Chapitre 7 : De l'exécution des jugements

Article 54 : Lorsqu'une autorité publique est condamnée au paiement d'une somme d'argent déterminée, elle est tenue de procéder au mandatement de cette somme dans les quatre mois qui suivent la date à laquelle la décision juridictionnelle prononçant cette condamnation est devenue définitive.

En cas d'inexécution dans le délai mentionné à l'alinéa précédent, le comptable public concerné, au vu d'une copie de la décision juridictionnelle certifiée conforme par le greffier de la même formation administrative ayant rendu la décision, en assure l'exécution d'office.

Article 55 : En cas de refus d'une autorité publique d'exécuter une décision juridictionnelle dans un délai de six mois à compter de la date à laquelle cette décision est devenue définitive, le président de la chambre administrative concernée en informe par écrit le président de la Cour suprême, qui adresse un rapport au ministre intéressé avec ampliation au Président de la République.

Titre IV : Dispositions diverses et transitoires

Chapitre 1 : Dispositions diverses

Article 56 : A l'article 972 du Code des impôts, les mots « Cour d'appel (section administrative) » sont remplacés par les mots «chambre administrative du tribunal de première instance».

Article 57 : La loi n°003/PR/2009 du 7 janvier 2009 portant Code électoral est ainsi modifiée :

I. L'article 187 : est ainsi rédigé : «Les recours dirigés contre les élections locales sont portés devant la Cour suprême dans les conditions et selon les modalités prévues par la loi relative à l'organisation des juridictions administratives» ;

II. L'article 188 est abrogé.

Chapitre 2 : Dispositions transitoires

Article 58 : Lorsque le tribunal de grande instance territorialement compétent en application de l'article 13 de la présente loi ne comporte pas les effectifs permettant de composer la chambre administrative, son président renvoie sans délai la requête devant le tribunal de grande instance de la ville où siège la Cour d'appel dont relève la juridiction initialement saisie.

Article 59 : Les dispositions de la présente loi sont applicables aux requêtes enregistrées auprès du greffe d'une juridiction administrative à compter de l'entrée en vigueur de la présente loi.

Les requêtes déjà enregistrées devant les juridictions administratives à la date d'entrée en vigueur de la présente loi sont jugées selon les règles en vigueur à la date d'enregistrement desdites requêtes.

Article 60 : La présente loi sera enregistrée et publiée au Journal officiel de la République et exécutée comme loi de l'État.

Fait à N'Djaména, le 17 juin 2013

Idriss Déby Itno

Président de la République

ANNEXE 2 : Extrait de l'ordonnance n°015/PR/2018, portant attribution, organisation et règles de procédure devant la Cour suprême

- La contradiction entre les motifs et le dispositif ;
- Le défaut de réponse à conclusion ou à réquisition ;
- L'incompétence ;
- Le vice de forme.

Article 36 : Le pourvoi dans l'intérêt de la loi peut intervenir dans deux cas :

- Lorsque le Ministre en charge de la Justice dénonce à la Cour suprême des actes judiciaires, arrêts ou jugements devenus définitifs et entachés de violation de la loi, ces actes, arrêts ou jugements peuvent être annulés ;
- Lorsqu'il a été rendu par la Cour d'appel ou la cour criminelle, par un tribunal correctionnel ou de police, un arrêt ou un jugement rendu en dernier ressort sujet à cassation et contre lequel néanmoins aucune des parties ne s'est pourvue dans le délai imparti, le Procureur général près la Cour Suprême peut, d'office et nonobstant l'expiration du délai, se pourvoir dans le seul intérêt de la loi contre ledit arrêt ou jugement.

Article 37 : Dans l'un ou l'autre cas de pourvoi dans l'intérêt de la loi, la Cour Suprême se prononce sur la recevabilité et le bien-fondé de ce recours.

Si le pourvoi est accueilli, la cassation est prononcée sans que les parties puissent s'en prévaloir et s'opposer à l'exécution de la décision annulée.

Section III- De la Chambre Administrative

Article 38 : La Chambre Administrative comprend deux sections :

- Une Section contentieuse ;
- Une Section consultative.

Chaque section comprend au moins trois magistrats. Elle est présidée par le Président de la Chambre Administrative ou par le Conseiller le plus ancien.

- التناقض بين العراض والمبدأ؛
- عدم الرد على مذكرة الطلب؛
- عدم الاختصاص؛
- العيب الشكلي.

المادة 36 يكون الطعن في مصلحة القانون في حالتين:

- عندما يبلغ الوزير المكلف بالعدل المحكمة العليا بأن الأعمال القضائية وقرارات الأحكام النهائية تشوبها انتهاكات القانون، يجوز إلغاء هذه الأعمال والقرارات أو الأحكام القضائية؛
- في حال إصدار محكمة الاستئناف أو المحكمة الجنائية، ومن قبل محكمة الجنح أو محكمة الجنح الصغيرة قرار أو حكم صادر في الملاذ الأخير وكان موضع طعن، ولم يتقدم أي من الطرفين بالطعن في المدة المحددة، يخول المدعي العام لدى المحكمة العليا بالالتماس ضد القرار أو الحكم على الرغم من انتهاء المدة، وذلك من أجل مصلحة القانون فحسب.

المادة 37 في كلا حالتي الطعن لمصلحة القانون، تقرر المحكمة العليا حول قابلية أو شرعية هذا الالتماس.

إن كان الطعن مقبولاً، يقرر الاستئناف بدون اعتزاز الطرفين أو اعتراضهما لتنفيذ القرار الملغي

القسم الثالث: الغرفة الإدارية

المادة 38 تتكون الغرفة الإدارية من قسمين:

- قسم المنازعات؛
- قسم الاستشارة

يتكون كل قسم من ثلاثة (3) قضاة على الأقل ويرأس القسم رئيس الغرفة الإدارية أو أقدم المستشارين رتبة

11

Les Chambres réunies de la Cour Suprême connaissent du contentieux des élections locales.

Article 39 : La Section Contentieuse est compétente pour connaitre en premier et dernier ressort :

- Des recours en annulation dirigés contre les décrets, les actes réglementaires du Gouvernement et des organismes collégiaux à compétence nationale et les décisions individuelles prises par le Président de la République ;
- Des recours formés contre les décisions du Comité de Règlement des Différends prévu à l'article 199 du Code des Marchés Publics ;
- Des recours en appréciation de légalité d'un acte administratif dont le contentieux de l'annulation relève, en premier et dernier ressort, de sa compétence.

Article 40 : La Section Contentieuse est compétente pour connaitre également des pourvois en cassation formés contre les arrêts rendus par les chambres administratives des tribunaux de grande instance et des cours d'appel en application de l'article 5 de la loi n°012/PR/2013 du 17 juin 2013, portant organisation et fonctionnement des juridictions statuant en matière de contentieux administratif. Elle est aussi compétente pour connaitre les ordonnances des juges des référés des tribunaux de grande instance.

Article 41 : La Section Consultative participe à l'élaboration des lois, d'ordonnances et des règlements.

Elle est saisie par le Gouvernement des projets de lois et d'ordonnances et propose les modifications de rédaction qu'elle juge nécessaires.

المحكمة العليا مختصة في منازعات الانتخابات

يختص قسم المنازعات بالنظر في الملاذ الأول

الطعون الإلغاء الموجهة ضد المراسيم والوثائق
التنظيمية للحكومة والهيئات المشتركة ذات
الاختصاص الوطني والقرارات الفردية المتخذة من
رئيس الجمهورية؛

الطعون المكونة ضد قرارات لجنة تسوية النزاعات
الواردة في المادة 199 من قانون الصفقات العامة؛

الطعون لتقييم شرعية القرار الإداري الذي يعد نزاع
الإلغاء ضمن اختصاصها في الملاذ الأول والأخير.

40: يختص قسم المنازعات أيضاً بالنظر في الطعون
ضد أحكام الاستئناف الصادرة من قبل الغرف
والمحاكم الابتدائية ومحاكم الاستئناف تطبيقاً
5 من القانون القاضي بتنظيم وسير المحاكم الذي
مجال المنازعات الإدارية. كما يختص بالنظر في
قضاة الأمور المستعجلة للمحاكم الابتدائية.

41: يشارك قسم الاستشارة في صياغة القوانين
واللوائح.

إليه الحكومة بغية النظر في مشاريع القوانين
الرئاسية. كما يقترح القسم تعديلات ومراجعة
التي يراها ضرورية

Article 42 : La Section Consultative donne son avis sur tous les projets de lois et d'ordonnances avant leur délibération en Conseil des Ministres.

Elle peut également être consultée par les Ministres sur toute difficulté en matière administrative.

Article 43 : La Section Consultative peut, de sa propre initiative, attirer l'attention des pouvoirs publics sur les questions d'ordre législatif ou réglementaire qui lui paraissent relever de l'intérêt général.

Article 44 : Le Président et les membres de la Chambre Administrative peuvent siéger à la fois au sein de la Section Consultative et de la Section Contentieuse.

Toutefois, les membres de la Chambre Administrative ne peuvent participer au jugement des recours dirigés contre un acte réglementaire pris après avis de la Section Consultative de la Chambre Administrative s'ils ont pris part à la délibération de cet avis.

Article 45 : La Section Consultative peut être assistée par des fonctionnaires connus pour leur compétence en matière de rédaction de textes législatifs et réglementaires, nommés pour trois ans en service extraordinaire par décret du Président de la République sur proposition du Ministre en charge de la Justice.

Les modalités de la rémunération des assistants sont fixées par décret.

Section IV – De la Chambre des Comptes

Article 46 : La Chambre des Comptes comprend trois sections :

- Une Section de jugement des comptes ;
- Une Section de contrôle, des affaires financières et budgétaires ;
- Une Section de discipline budgétaire et financière.

المادة 42: يبدي قسم الاستشارة برأيه بشأن كافة مشاريع القوانين والأوامر الرئاسية قبل مناقشتها في مجلس الوزراء.

كما يمكن أن يستشيره الوزراء في جميع المسائل الإدارية.

المادة 43: يستطيع قسم الاستشارة بمبادرة منه جذب انتباه السلطات العامة حول المسائل التشريعية والتنظيمية أو الإدارية التي يراها ضرورية للصالح العام.

المادة 44: يحق للرئيس وأعضاء الغرفة الإدارية المشاركة في جلسات قسم الاستشارة وقسم المنازعات معاً.

على كل لا يجوز للأعضاء الغرفة الإدارية المشاركة في محاكمة الطعون الموجهة ضد وثيقة تنظيمية اتخذت بعد موافقة قسم الاستشارة للغرفة الإدارية إذا شاركوا في مداولة هذه الموافقة.

المادة 45: يجوز مساعدة قسم الاستشارة من قبل موظفين معروفين باختصاصهم في مجال كتابة النصوص التشريعية والتنظيمية، ويعينون لثلاث سنوات لعمل طارئ بمرسوم رئيس الجمهورية باقتراح من الوزير المكلف العدل.

تحدد طرق علاوات المساعدين بمرسوم.

القسم الرابع: غرفة الحسابات

المادة 46: تضم محكمة الحسابات ثلاثة أقسام:

- قسم مراقبة الحسابات؛
- قسم مراقبة شؤون المالية والميزانية؛
- قسم ضبط الميزانية والمالية.

13

✓ **ANNEXE 3 : Arrêt** n° 002/CS/CA, du 10 novembre 1999, R.K et 3 autres c/ ministère de l'Économie et des Finances, *Revue juridique tchadienne*, n° 11, novembre 2005, pp. 7-8

COUR SUPREME

Arrêt n°0002 du 10 novembre 1999

R.K et 3 autres contre

Ministère de l'Economie et des Finances

REQUÊTE - Sursis à exécution - Conditions - Sursis à exécution des arrêtés ministériels - Rejet.

Par deux arrêtés, le Ministre des Finances procède à l'affectation de plusieurs douaniers dans les différents postes de douane. Mécontents, ceux-ci saisissent la chambre administrative de la Cour suprême et sollicitent le sursis à exécution desdits arrêtés pris en méconnaissance de leur qualité de dirigeants du bureau de syndicat.

La Cour rejette la requête au motif qu'aucun texte ne dit que les responsables syndicaux ne doivent pas être affectés en dehors du siège de leur syndicat.

A l'audience publique de la Cour suprême, siégeant en matière administrative, tenue dans la salle ordinaire des audiences de ladite Cour, le dix novembre mil neuf cent quatre-vingt-dix neuf à douze heures onze minutes où étaient présents et siégeaient :

Ousmane Salah Idjemi, Président;

Ahmat Oumar Outmane, Conseiller-rapporteur;

Souroumbaye Djebadion, Conseiller;

En présence de : Issa Sokoye, Avocat Général;

Tab-Tilo Guelmbaye, Commissaire du Gouvernement;

Et avec l'assistance de Maître Ramadane Gounoutch, Greffier en chef;

A été rendu l'arrêt suivant :

Entre : Les Sieurs R.K, A.M, O.M et A.O, tous douaniers représentés par Maître Allaissem K. Djaibé, avocat à la Cour;

Demandeurs d'une part;

Et : Le Ministère des Finances et de l'Economie, représenté par Monsieur T.B, Chef de Service du Suivi Judiciaire et du Contentieux Administratif du Secrétariat Général du Gouvernement (SGG);

Défendeur d'autre part;

La Chambre administrative statuant en sursis à exécution;

Sur le rapport du Conseiller Ahmat Oumar Outman de la section contentieuse;

Vu la requête introduite le 13 août 1999 au greffe de la Cour suprême par les Sieurs R.K, A.M, O.M et A.O, tous douaniers, représentés par Maître Allaissem K. Djaibé, avocat à la Cour sollicitant le sursis à exécution des arrêtés N°109 et 110 du 05/07/99 du Ministre des Finances et de l'Economie portant leur affectation à des différents postes de la douane;

Les requérants soutiennent que les deux arrêtés avaient été pris, d'une part, en méconnaissance de leur qualité de dirigeants du bureau du syndicat (SYNAD) qui ne doivent pas être mutés hors du siège de leur syndicat, d'autre part que le Ministre des Finances et de l'Economie se serait vengé contre ses collaborateurs qui avaient auparavant saisi la Chambre administrative de la Cour suprême pour revendiquer le paiement de leurs émoluments;

Vu les arrêtés attaqués;

Vu le mémoire en réplique enregistré le 03 septembre 1999, présenté pour dossier agents de la Douane contre l'Etat tchadien ; le conseil des demandeurs a conclu qu'il plaise à la Cour d'ordonner le sursis à exécution des arrêtés précités;

Vu la loi N°006/PR/98 du 07/08/1998;

Vu les autres pièces du dossier;

Après en avoir entendu en audience publique :

- Le rapport du Conseiller Ahmat Oumar Outmane, Rapporteur;

- Les conclusions de Monsieur Issa Sokoye, Avocat Général;

- Les observations de Monsieur Tab-Tilo Guelmbaye, Commissaire du Gouvernement;

Considérant qu'en droit administratif le "sursis à exécution" est une mesure que peuvent prendre les juridictions administratives pour retarder, jusqu'à la décision au fond, l'exécution d'un acte administratif attaqué devant elles quand cette exécution aurait des conséquences irréparables;

Or le Conseil d'Etat, à travers son arrêt du 12 novembre 1938, a exigé que le requérant, en matière de sursis à exécution, ait rempli deux conditions, à savoir les moyens sérieux et les conséquences difficilement réparables en cas d'exécution de l'acte attaqué;

Considérant qu'il n'a pas été prouvé par les requérants que leurs affectations par les arrêtés N°109 et 110 pourraient entraîner à leur encontre des conséquences irréparables;

Considérant sur les moyens fondés sur la violation des dispositions des conventions internationales de l'Organisation Internationale du Travail (OIT), qu'il n'a été nullement mentionné dans ces deux conventions que les agents de l'Etat, responsables syndicaux ne doivent pas être affectés en dehors du siège de leur syndicat;

Par contre l'article 8 de ladite convention de 1987 de l'Organisation Internationale du Travail (OIT) stipule : « les travailleurs doivent agir dans le respect de la légalité »;

Considérant enfin que l'article 91 de la loi N°006/PR/98 du 07/08/1998 parlant de sursis à exécution énonce que le recours devant la Chambre administrative n'est pas suspensif sauf en cas des circonstances exceptionnelles;

Toutefois la Chambre peut prescrire qu'il soit sursis à exécution d'une décision lorsqu'elle n'intéresse ni le maintien de l'ordre public, ni la sécurité, ni la tranquillité publique, et si une requête expresse aux fins de sursis lui est présentée;

Considérant qu'enfin, en application des dispositions de l'alinéa 1 de l'article 91 de la loi N°006/PR/98 du 07/08/1998, la suspension des effets d'un acte par la Chambre administrative est conditionnée par l'existence des circonstances exceptionnelles, ce qui n'est pas le cas en l'espèce;

Considérant qu'il résulte de ce qui précède que la requête introduite par le Sieur R K et consorts n'est pas fondée pour demander le sursis à exécution des arrêtés N°109 et 110 du 05/07/99, qu'il échet de la rejeter;

Par ces motifs :

Décide :

Article 1er : La requête en sursis à exécution des arrêtés N°109 et 110 du 05/07/1999 du Ministre des Finances et de l'Economie est rejetée;

Article 2 : La présente décision sera notifiée aux requérants et au Ministère des Finances et de l'Economie;

Ainsi jugé et prononcé en audience publique les jour, mois et an que dessus;

En foi de quoi, le présent arrêt a été signé par le Président, le Conseiller rapporteur et le Greffier en Chef.

✓ **Annexe 4 :** Arrêt n°004/CS/CA du 30 novembre 1999, MANGUE Djarkem c/ État tchadien, *Revue juridique Tchadienne*, n°009, décembre 2004, pp. 46-47

COUR SUPRÊME
CHAMBRE ADMINISTRATIVE
SECTION CONTENTIEUSE
Arrêt n°004/CA/SC du 30 novembre 1999
Mangue Djarkem contre État Tchadien

RECOURS EN ANNULATION - Procédure d'urgence - Référé - Excès de pouvoir - Requête en annulation d'une note de service - Recevabilité - Suspension.

Résumé ▪Un étudiant interdit de passer les examens oraux par une note de service de l'administration de l'université, introduit une requête en annulation contre ladite décision.

La Cour fait droit à sa demande au motif que, le chef de service de la scolarité de ladite université ne peut sans excéder ses pouvoirs empêcher l'étudiant de passer les oraux dès lors qu'il a été autorisé à passer les examens écrits et qu'une retenue à la source a été opérée sur les frais d'inscription.

LA COUR,

Considérant que la requête susvisée a été introduite dans les formes et délais de la loi; il convient de la déclarer recevable;

Considérant que toutes les parties étaient présentes ou représentées lors de l'audience de mise en délibéré de l'affaire; qu'il échet de statuer contradictoirement à leur égard;

SUR LES MOYENS :

Considérant que la requête introduite par Mangué Djarkem fait ressortir le caractère urgent de la cause en invoquant la fin de l'année scolaire 1998-1999 à l'Université de N'Djaména, ainsi que celle des examens écrits de la 2ème session; et que les épreuves orales qu'il prétend passer du fait de son admissibilité à l'écrit de la 1ère session doivent se dérouler incessamment;

Considérant que le requérant, étudiant en 3ème année des Sciences Exactes et Appliquées de l'Université de N'Djaména, a bénéficié d'un renouvellement de bourse pour l'année académique 1998-1999 par l'arrêté N°203/MESRS/DESB/SCPB/99 du 16 Mars 1999 du Ministre de l'Enseignement Supérieur et de la Recherche Scientifique;

Qu'aux termes de la note de service susvisée, il a été demandé aux étudiants dont Mangué Djarkem de « régulariser leur situation à la Scolarité Centrale, au Rectorat pour passer la 2ème session (1ère session suspendue même étant admissible). Sinon leur exclusion de l'Université de N'Djaména sera définitive »;

Que parallèlement, l'administration dudit établissement a opéré des retenues sur la bourse de Mangué Djarkem d'un montant de 18.000 francs (dix huit mille francs) correspondant à ses frais d'inscription;

Qu'en outre, en autorisant le Sieur Mangué Djarkem à passer les examens de la 1ère session à l'issue desquels il a été déclaré admissible, le Département des Sciences Naturelles a implicitement considéré le susnommé comme étant inscrit;

Considérant, enfin, que cette autorisation accordée à l'étudiant Mangué Djarkem à passer les épreuves écrites de la 1ère session et son admissibilité constituent un droit acquis et que le refus de l'administration de l'Université de N'Djaména de le laisser passer les épreuves orales,

En vertu des dispositions de la note de service N°602/U-NDJ/FSEA/99 du 08/10/1999 constitue un excès de pouvoir; que non seulement ladite note de service ne peut lui être opposable du fait que l'administration de l'Université a retenu à la source les frais d'inscription le concernant, mais elle l'a autorisé à passer les examens de la 1ère session et déclaré son admissibilité que dès lors, il convient de la suspendre;

PAR CES MOTIFS :

La Cour, Statuant publiquement et contradictoirement à l'égard des parties, en matière de référé administratif en premier et dernier ressort;

Décide :

Article 1er : Déclare recevable la requête introduite par le sieur Mangué Djarkem;

Article 2 : Suspend la note de service N°602/U-NDJ/FSEA/99 du 08 Octobre 1999 en ce qui concerne le requérant Mangué Djarkem;

Article 3 : Met les dépens à la charge du Trésor Public;

Ainsi jugé et prononcé en audience publique les jour, mois et an que dessus.

En foi de quoi le présent arrêt a été signé par le Président, le Conseiller Rapporteur et le Greffier en Chef.

Président : Ahmed Batchiret
Juges : Souroumbaye Djébadion, Ousmane Salah Idjemi

✓ **Annexe 5 :** Arrêt n°004/CS/CA du 10 mai 2000, Chambre nationale des Notaires c/ État tchadien, *Revue juridique Tchadienne*, n°10, juin 2005, pp. 36-37

COUR SUPRÊME
CHAMBRE ADMINISTRATIVE

Arrêt n°004 du 10 mai 2000
Chambre Nationale des Notaires contre Etat tchadien

PROCÉDURE CIVILE - Requête civile - Suspension - Inexistence de la personnalité juridique - Défaut de qualité - Irrecevabilité.

Résumé ■ *La demande de suspension par voie de requête civile des effets d'un décret n'est possible que lorsque la partie qui s'en prévaut est apte à le faire.*

Dans le cas d'espèce, la Cour rejette la demande de la requérante pour défaut de qualité car celle-ci n'a jamais versé à son dossier un acte lui reconnaissant une existence juridique.

LA COUR,

Par requête en date du 13 avril 2000 et enregistrée au greffe de la Cour sous le n°05/CS/CA/2000 du 18/04/2000, la Chambre Nationale des Notaires ayant son siège au 2836, Avenue, Charles Degaulle BP 4118 à N'Djaména, représentée par son Président Maître Dombal Djimbague assistée des Maîtres Thomas Dingamgoto et Kodengar Radet, avocats à la Cour, a saisi par l'intermédiaire desdits conseils, la Chambre Administrative de la Cour suprême aux fins de suspendre des effets du décret n°138/PR/MJ/2000 du 03/04/2000 portant création des charges notariales et ce, conformément aux dispositions de l'article 90 de la loi n°006/PR/98 du 07/08/98 portant organisation et fonctionnement de la Cour suprême ;

A l'appui de sa requête, la requérante invoque les dispositions de l'article 4 du décret n°630/PR/MJ/96 du 22/11/1996 portant Statut des Notaires qui dispose en son alinéa 1er « les charges du notaire sont nées, transférées ou supprimées par décret pris sur proposition du Garde des Sceaux et que l'alinéa 2 précise que le décret portant création ou transfert fixe le siège de la charge et l'étendue de la circonscription qui en relève » ;

Que c'est sur cette base qu'est intervenu le décret n°104/PR/MJ/97 du 12 mars 1997 créant 10 charges à travers le pays dont 4 à N'Djaména et 6 autres pour l'ensemble du territoire national ;

Que parmi ces 10 charges prévues par le décret n°104/PR/MJ/97 du 12 mars 1997, 5 seulement sont pourvues à ce jour dont 4 à N'Djaména et 1 à Moundou ;

Qu'il reste encore 5 charges à pourvoir sur l'ensemble du territoire avant de procéder à la création des charges nouvelles ;

Que le décret n°138/PR/MJ/2000 du 03/04/2000 a été pris en violation du décret n°630/PR/MJ/96 du 22/11/1996, notamment en son article 80 alinéa 5 qui en s'adressant à l'ordre des notaires, précise : « donne son avis en matière de création, transfère ou de suppression de charges et sur les actions en dommages et intérêts dirigés contre les notaires ainsi que les difficultés qui peuvent surgir à propos des émoluments réclamés par les notaires » ;

Vu la loi n°006/PR/98 portant organisation et fonctionnement de la Cour suprême ;

SUR LA RECEVABILITÉ

Considérant que le décret n°630/PR/MJ/96 du 22/11/1996 a prévu dans son titre IX, section 1 : l'Ordre des Notaires qui selon l'article 77 est composé de tous les notaires de la République ;

Considérant que chaque Etat a la faculté de choisir librement son jargon juridique qui lui est propre ou approprié ;

...ant qu'aux termes du décret n°630 c'est la ...ogie « Ordre des Notaires » que le Tchad a ...mme jargon juridique ;

...dre des notaires n'ayant jamais existé et les ...ont préféré appeler leur « ordre », Chambre ... des Notaires par souci d'harmonie par ...aux autres pays dans le cadre de l'union ...nale du notariat latin ;

...ue si l'appellation « Ordre des Notaires » ou ...re des Notaires » relève d'une simple ...gie, le décret n°630 a prévu dans son ... les conditions d'existence juridique de cet ...

... 78 dispose : « les membres de l'ordre des ...désignent parmi eux un bureau, établissent ...ment intérieur qui est soumis à ...tion du Ministre de la Justice » ;

...ment essentiel pour que cet organe ... après l'adoption de son bureau et ...ent de sont règlement est l'approbation ... de la Justice qui est un accord, une ... de fonctionner légalement ;

... cas d'espèce, la Chambre Nationale des ... n'a jamais versé au dossier l'acte ...ion du Ministre de la Justice lui ...nt une existence juridique et une ... morale pour pouvoir ester en justice ;

Que de ce fait la Chambre Nationale des Notaires n'ayant aucune personnalité juridique reconnue par l'Etat ne peut se prévaloir de la qualité pour ester en justice ; qu'il convient donc de déclarer la requête irrecevable pour défaut de qualité ;

PAR CES MOTIFS :

Statuant publiquement et contradictoirement à l'égard des parties en matière de référé administrative en premier et dernier ressort, et après en avoir délibéré conformément à la loi ;

Décide :

Article 1 : Déclare la requête introduite par la Chambre Nationale des Notaires irrecevable pour défaut de qualité ;

Article 2 : Condamne la requérante aux dépens ;

En foi de quoi, le présent arrêt a été signé par le Président, le Conseiller Rapporteur et le Greffier.

Président : Ousmane Salah Idjemi
Conseillers : Souroumbaye Djébadion, Ahmat Oumar Outmane
Avocats : Thomas Dingamgoto, Kodengar Radet

✓ **ANNEXE 6 :** Arrêt n°002/CS/CA du 24 janvier 2001, H.H c/ État tchadien, *Revue juridique tchadienne,* n° 009 décembre 2004, pp. 30-31

COUR SUPRÊME

CHAMBRE ADMINISTRATIVE

SECTION CONTENTIEUSE

Arrêt n°02/CS/CA du 24 janvier 2001

H.H. contre État Tchadien

PROCÉDURE - Recours pour excès de pouvoir - Conditions de recevabilité - Défaut de recours administratif préalable - Irrecevabilité.

Résumé ■ *Frappé d'abaissement d'un échelon pour des actes d'indélicatesse par une décision ministérielle, un magistrat introduit une requête pour demander l'annulation de ladite décision*

La Cour déclare sa requête irrecevable pour défaut de recours administratif préalable.

LA COUR,

Considérant qu'à l'appui de sa requête le sieur H.H. exposait que le 13 octobre 1998 le Procureur Général près la Cour d'appel de N'Djaména adressait au Ministre de la justice une fiche par laquelle il lui demandait de le faire traduire devant la Commission de discipline afin qu'il réponde des actes d'indélicatesses par lui commis;

Considérant que le 30/10/1998, le Ministre de la justice saisissait le Président de la Cour d'appel de N'Djaména à qui il demandait de réunir la Commission de discipline afin de statuer sur les faits reprochés au sieur H.H. par le Procureur Général;

Considérant que la Commission de discipline s'est réunie sans lui et que constatant son absence, un renvoi fut décidé pour le convoquer pour qu'il dépose son mémoire en défense; qu'après quoi, il apprend plus tard et de manière officieuse que la Commission se serait réunie et qu'une kyrielle de sanctions avaient été proposées à son égard;

Que tout se déroula à son insu et aucune notification ne lui a été faite et ce, en violation de l'article 66 de l'Ordonnance N°008/PR/MJ/91 portant statut de la magistrature;

Considérant que le sieur H.H. fonde son recours sur plusieurs irrégularités qui ont entaché le déroulement de la procédure en citant les articles 56, 58, 60 et 66 de l'Ordonnance N°008/PR/91 du 03/08/1991 portant statut de la magistrature;

Considérant que le Service du Suivi Judiciaire et du Contentieux Administratif du Secrétariat Général du Gouvernement estime que l'arrêté N°1913/PR/MFPFEM/SF/DG/DFP/SG3/139 du 08/09/99 portant abaissement d'un échelon du sieur H.H. se limite à réprimer l'indélicatesse prévue par l'article 55 de l'Ordonnance N°008/PR/91 du 03/08/1991;

Considérant que l'article 74 de la loi N°006/PR/98 du 07/08/1998 portant organisation et fonctionnement de la Cour suprême stipule que « la section contentieuse de la Cour suprême ne peut être saisie que par voie de recours contre une décision expresse ou implicite de l'Administration ou des Organismes mis en cause »;

Considérant que le sieur H.H. a introduit son recours contentieux sans tenir compte du recours administratif préalable; qu'il y a lieu de déclarer son recours contentieux irrecevable pour défaut de production du recours administratif préalable, conformément à l'article 74 de la loi N°006/PR/98 du 07/08/1998;

Considérant que toutes les parties présentes à l'audience du 10 janvier 2001, date de la mise en délibéré de l'affaire ;

Qu'il convient de statuer contradictoirement à leur égard;

PAR CES MOTIFS :

Statuant publiquement et contradictoirement à l'égard des parties en matière administrative, en premier et dernier ressort;

Décide :

Article 1er : Déclare la requête introduite par le sieur H.H. irrecevable pour défaut de recours administratif préalable;

Article 2 : Condamne le requérant aux dépens;

En foi de quoi, le présent arrêt est signé du Président, le Rapporteur et le Greffier.

Président : Ousmane Salah Idjemi,
Juges : Ahmat Oumar Outmane,
Souroumbaye Djebadion
Avocats : Issa Sokoye

✓ **Annexe 7 :** Arrêt n°17/CS/CA du 19 juin 2001, BD c/ État tchadien, *Revue juridique tchadienne* n° 09, décembre 2001, p. 29

COUR SUPRÊME

SECTION CONTENTIEUSE

Arrêt n°017 du 19 juin 2001

B.D contre État Tchadien

RECOURS EN SURSIS A EXÉCUTION - Sursis à exécution - Conditions - Défaut de qualité - Rejet.

Résumé ■ Une requête en référé administratif est introduite par le requérant pour demander la suspension d'une mesure excluant sa fille de l'école parce qu'atteinte d'albinisme.
La Cour rejette la requête pour défaut de qualité du requérant qui n'a reçu aucun mandat pour agir.

LA COUR,

Considérant que par requête en date du 16 mai 2001, Monsieur B.D, sollicite par la procédure de référé administratif, la suspension de la mesure prise à l'encontre de sa fille B.B par le Directeur de la Formation et de l'Action Pédagogique; que dans sa correspondance N°4/MEN/SE/DG/DFAR du 26/03/2001 adressée au Directeur de l'École Normale d'Instituteurs de Sarh, ledit Directeur a exclu sa fille de l'École au motif qu'elle est albinos;

Considérant que Maître Betel, conseil de Monsieur B.D, évoque que la décision du Directeur viole la Constitution en son article 35 qui stipule que « tout citoyen a droit à l'instruction » causant ainsi un préjudice grave à Mademoiselle B.B; qu'il demande le sursis à exécution de cette décision discriminatoire et illégale et la réintégration dans ledit établissement de Mademoiselle B.B;

Considérant que dans ses conclusions, le représentant de l'Etat tchadien soutient que si la requête a été introduite conformément à l'article 90 de la loi N°006/PR/98 du 07/08/1998, il y a lieu de s'interroger par contre sur la qualité du requérant; que l'acte querellé faisant grief à Mademoiselle B.B, seule cette dernière peut l'attaquer ou, à son absence, par son mandataire; qu'en l'espèce, le sieur B.D a agi comme si sa fille était majeure sous tutelle; que dès lors, en l'absence d'un mandat, il demande le rejet de la requête pour défaut de qualité;

Considérant qu'il ressort des pièces du dossier que la requête en référé a été introduite par Monsieur B.D; que dans ladite requête, rien n'indique qu'il a reçu mandat de sa fille B.B; qu'aucun mandat n'a été versé au dossier;

Que Maître Betel, régulièrement constitué, a déposé un avis de constitution pour le compte de son client B.D;

Considérant que Mademoiselle B.B, a déclaré à la barre être née en 1972; qu'étant majeure, il lui appartient de désigner son père ou un avocat qu'il lui plaira pour la représenter; que tel n'est pas le cas en l'espèce;

Qu'aussi, la requête introduite par une personne non mandatée n'est pas recevable;

PAR CES MOTIFS :

Statuant publiquement et contradictoirement à l'égard des parties en matière de référé administratif, en premier et dernier ressort;

Décide :

Article 1er : La requête de Monsieur B.D est rejetée;

Article 2 : Le condamne aux dépens;

En foi de quoi, le présent arrêt est signé par le Président et le Greffier.

Président : Ahmed Batchiret

Avocat : Betel Ningamadji Marcel

Revue Juridique Tchadienne N°9 — *Décembre 2004* — Page 29

✓ **Annexe 8 :** Arrêt n°008/CS/CA du 12 juin 2002, H.S c/ État tchadien, *Revue juridique tchadienne* n°12 ; juillet 2006, pp. 39-40

COUR SUPRÊME

CHAMBRE ADMINISTRATIVE (SECTION CONTENTIEUSE)

Arrêt n°008/02 du 12 juin 2002

H.S contre Etat tchadien

CONTENTIEUX ADMINISTRATIF - Recours pour excès de pouvoir - Agent mis à la retraite d'office - Insuffisance de rendement (non) - Excès de pouvoir (oui) - Annulation.

Un fonctionnaire mis à la retraite par anticipation d'office pour rendement insuffisant, introduit une requête et sollicite l'annulation partielle de l'arrêté ministériel pour excès de pouvoir. La Cour fait droit à sa demande.

FAITS

Par requête introductive d'instance en date du 22/4/2001, le sieur H.S, agent de l'agriculture a saisi la Chambre Administrative et Financière de la Cour d'appel de N'Djaména aux fins d'annulation partielle de l'arrêté N°124/PR/MFPT/DG/SG3/96 du 27/01/97 portant sa mise à la retraite d'office par anticipation ;

Vu l'ordonnance N°26-27 du 19 août 1967 déterminant la procédure à suivre devant la Chambre Administrative et Financière de la Cour d'appel ;

Vu la loi N°004/PR/98 du 28/5/1998 portant Organisation Judiciaire ;

Vu la loi N°006/PR/98 du 07/8/1998 portant Organisation et Fonctionnement de la Cour Suprême ;

Vu les conclusions de Monsieur l'Avocat Général en date du 20/3/2001 tendant à l'annulation partielle de l'arrêté N°124/PR/MFPT/DG/DFP/SG3/96 ;

Vu les conclusions de Monsieur le Commissaire du Gouvernement en date du 18/02/2002 tendant également à l'annulation partielle dudit arrêté ;

Vu les conclusions du Chef de Service du Suivi Judiciaire et du Contentieux Administratif du S.G.G représentant l'État tchadien en date du 03/3/2001 tendant au rejet de la requête du sieur H.S comme étant mal fondée ;

Vu le rapport en date du 28/5/2002 de Monsieur le Conseiller Rapporteur ;

En la forme :

Ouï les parties en leurs observations et plaidoiries ;

Ouï le Commissaire du Gouvernement en ses conclusions orales ;

Ouï l'Avocat Général en ses réquisitions ;

Considérant que le sieur H.S a introduit le 22/4/1997 une requête devant la Chambre Administrative et Financière de la Cour d'appel de N'Djaména aux fins d'annulation partielle de l'arrêté N°124/PR/MFPT/DG/DFP/SG3/96 du 27/01/97 qui l'a mis à la retraite d'office par anticipation ;

Considérant que cette requête a été introduite sous l'empire de l'ordonnance N°26-27 du 19/8/1967 déterminant la procédure à suivre devant la Chambre Administrative et Financière de la Cour d'appel ;

Que cette requête a obéi aux règles prescrites par l'article 3 de ladite ordonnance, qu'il échet de la recevoir ;

39

Au fond :

Considérant que dans sa requête pour excès de pouvoir, en date du 22/4/1997, le sieur H.S demande, en ce qui le concerne, l'annulation partielle de l'arrêté N°124/PR/MFPT/DG/DFP/SG3/96 du 27/01/1997 ;

Qu'il soutient que c'est arbitrairement qu'il a été mis à la retraite par anticipation car depuis son intégration à la Fonction Publique le 13/5/1964 (arrêté N°1301/DFP4/176 du 13/5/1964) jusqu'à l'apparition de cet arrêté 124, il a rempli avec loyauté toutes les tâches qui lui ont été confiées, qu'il n'a jamais fait l'objet d'un avertissement ou blâme quelconque, qu'il a été régulièrement avancé dans sa carrière à la Fonction Publique ;

Qu'il ajoute que c'est pour règlement de compte que son chef de service l'a proposé pour la retraite alors qu'il n'avait jamais demandé cette retraite ;

Considérant que le Chef de Service du Suivi Judiciaire et du Contentieux Administratif du SGG représentant l'État tchadien, a, dans ses conclusions en répliques, soutenu que la retraite par anticipation d'office pour insuffisance professionnelle est prévue à l'article 143 de l'ordonnance N°15/PR/86 portant Statut Général de la Fonction Publique ;

Que pour procéder à l'assainissement de la Fonction Publique, le Ministre de la Fonction Publique et du Travail a, par des notes circulaires des 11 et 12 octobre 1996, demandé à chaque département ministériel de proposer après évaluation de fonctions qui faisaient montre de l'insuffisance professionnelle dont le rendement est insuffisant pour une retraite par anticipation d'office ;

Que c'est ainsi que par lettre N°563/MDR/CAB/96 que le Ministre de tutelle a envoyé à la Fonction Publique une liste de fonctionnaires et agents parmi lesquels figure le sieur H.S à cette fin ;

Que cette mise à la retraite d'office par anticipation prévue à l'article 43 de l'ordonnance N°15/86 ne doit être conforme à celle prévue à l'article 42 de la même ordonnance qui dispose que la mise à la retraite par anticipation d'office doit être prononcée à la demande du fonctionnaire ;

Que le Service du Suivi Judiciaire du Contentieux Administratif du SGG d'ajouter qu'il ne comprendra que la même autorité qui a évalué son agent et l'a déclaré incapable pour une compétence exigible et l'a proposé à la retraite par anticipation d'office ne revienne produire de notes pour sa réhabilitation ;

Que pour l'État tchadien, les notes (correspondances, procès-verbaux, rapports circonstanciés) produits par le Ministre de l'Agriculture pour la réhabilitation de H.S et autres sont des actes de complaisance et pour des considérations partisanes ;

Qu'il y a lieu de considérer la décision comme légale et fondée pour l'intérêt du service public et qu'en conséquence rejeter la requête du sieur H.S comme étant mal fondée ;

Ouï les parties en leurs observations et plaidoiries ;

Ouï le Commissaire du Gouvernement en ses conclusions ;

Ouï Monsieur l'Avocat Général en ses conclusions et réquisitions ;

La Cour,

Après en avoir délibéré conformément à la loi a statué en ces termes ;

Considérant que le sieur H.S fonctionnaire du Ministère de l'Agriculture a été mis à la retraite par anticipation d'office par l'arrêté N°124/PR/MFPT/DG/DFP/SG3/96 du 27/01/97 ;

Considérant que la requête introductive d'instance du sieur H.S est recevable car

cation sont entachées de nombreuses irrégularites ;

Que concernant les restitutions des pièces comptables, le Chef de Service du Suivi Judiciaire et du Contentieux Administratif du Secrétariat Général du Gouvernement, chargé de défendre les intérêts de l'Etat devant la Cour Suprême n'est pas en mesure d'entrer en possession desdites pièces;

Que c'est ainsi que la Chambre a saisi par deux fois le Ministre de l'Economie et des Finances pour instruire ses services afin de mettre à sa disposition cet état de salaire mais en vain ;

Que même le Président de la Cour Suprême par lettre n°172/CS/CA du 1er août 2005 a saisi le Premier Ministre pour la communication des pièces comptables que le Ministre des Finances détient ;

Que par lettre n°769/PM/CAB/-CAAJ/2005 du 15/8/05, le cabinet du Premier Ministre, sur instruction ferme du Premier Ministre, Chef du Gouvernement a demandé au Ministre de l'Economie et des Finances de transmettre urgemment au greffe de la Cour Suprême l'état de salaire des agents de la communication ;

Que malgré les fermes instructions du Premier Ministre, Chef du Gouvernement, le Ministre de l'Economie et des Finances n'a pas daigné transmettre lesdites pièces au greffe de la Cour pour d'éventuelles vérifications ;

Qu'en gardant ainsi le Ministre de l'Economie et des Finances a acquiescé aux faits exposés par le conseil des requérants ;

Que de ce qui précède, il convient de dire que la mesure des retenues de salaire de 85 agents de la Communication a été prise sur la base d'aucun acte comme l'exige la loi donc elle est entachée d'irrégularité, qu'il échet d'ordonner à l'Etat le versement de la somme de 7.452.675 francs CFA représentant les retenues de 17 jours de salaires de mois de juillet 2004 illégalement opérées ;

Sur les dommages-intérêts

Considérant que les requérants ont sous la plume de leur conseil déclaré se constituer parties civiles et ont demandé à la Cour Suprême de condamner l'Etat à leur payer la somme de 150.000.000 francs CFA de dommages-intérêts pour les préjudices qu'ils ont subis ;

Que cette demande de dommages-intérêts est justifiée par le fait que la procédure utilisée pour la retenue des salaires n'est pas orthodoxe, qu'il convient d'y faire droit

Considérant enfin que les requérants demandent à la Cour Suprême de condamner l'Etat à leur payer la somme de 150.000.000 francs CFA à titre de dommages-intérêts ;

Que ce montant de dommages-intérêts sollicité par les requérants apparaît exagéré et que la Cour dispose des éléments d'appréciation suffisants pour évaluer le montant du préjudice subi à la somme de 5.000.000 francs CFA (cinq millions de francs) ;

PAR CES MOTIFS :

Statuant publiquement, contradictoirement à l'égard des parties en matière administrative en prémier et dernier ressort ;

Décide :

En la forme :

Article 1er : Déclare la requête introduite le 10/12/04 par Maître Kodengar Odjengar Radet en ce qui concerne l'annulation de l'arrêté n°024/MC/SG/DAAFM/DRH/04 du 22 juillet 2004 irrecevable. Par contre déclare recevable celle concernant la retenue de 17 jours de salaire de mois de juillet 2004 pour les 85 agents de la communication ayant observé la grève ;

Article 2 : Ordonne à l'Etat tchadien de restituer la retenue de salaire de 17 jours aux 85 agents de la communication ayant observé la grève soit un montant total de sept millions quatre cent cinquante deux mille six cent soixante quinze francs (7.452.675 francs CFA) ;

Article 3 : Condamne l'Etat tchadien à verser aux 85 agents de la communication ayant observé la grève la somme de cinq millions de francs (5.000.000 francs CFA) à titre de dommages et intérêts pour tous préjudices confondus ;

Article 4 : Met les dépens à la charge du Tresor Public ;

Article 5 : Dit que l'expédition du présent arrêt sera notifiée au Ministre des Finances et au Ministre de la Communication ;

En foi de quoi, le présent arrêt a été signé par le Président, le Conseiller rapporteur et le Greffier.

Président : Ousmane Salah Idjemi
Juges : Ahmat Oumar Outmane ; Souroumbaye Djébadion
Avocat : Kodengar Radet

ANNEXE 9 : Arrêt n° 017/CS/CA du 7 septembre 2005, Syndicats des Professionnels de la Communication (SPC) c/ État tchadien, *Revue juridique tchadienne*, n° 12, juillet 2006, pp. 46-49

COUR SUPREME
CHAMBRE ADMINISTRATIVE (SECTION CONTENTIEUSE)
Arrêt n°017/05 du 07 septembre 2005
Syndicat des Professionnels de la Communication (SPC) contre Etat tchadien

PROCEDURE - Requête - Recours en annulation et recours de plein contentieux - Recours en annulation d'un arrêté ministériel - Non-respect du délai - Irrecevabilité - Recours de plein contentieux - Retenue de salaires - Action en réclamation - Recevabilité - Dommages-intérêts.

Saisie d'une requête en annulation et d'une demande de versement des retenues de salaires et dommages-intérêts, la Cour rejette la requête en annulation pour le non respect du délai de recours, mais néanmoins ordonne le versement des retenues de salaires et les dommages-intérêts pour le préjudice subi.

La Cour,

Vu la requête datée du 06/12/04 et enregistrée au greffe de la Cour le 10/12/04 sous le n°018/CA par laquelle Maître Kodengar Odengar Radet a saisi la Cour Suprême pour annuler l'arrêté n°24/MC/SG/DAAFM/DRH/04 du 22/07/04 et autoriser le versement de la somme de sept millions quatre cent cinquante deux mille six cents soixante quinze francs (7.452.675 francs CFA) correspondant aux salaires de 85 agents grévistes et cent cinquante millions de francs (150.000.000 francs CFA) de dommages et intérêts ;

Vu la consignation versée par le conseil des requérants et constatée par reçu n°018 du 13/12/04 ;

Vu la loi n°006/PR/98 portant organisation et fonctionnement de la Cour Suprême ;

Ouï le Conseiller Rapporteur en son rapport ;

Ouï le Chef de Service du Suivi Judiciaire et du Contentieux Administratif du Secrétariat Général du Gouvernement en ses conclusions ;

Ouï le Commissaire du Gouvernement en ses conclusions ;

Vu les autres pièces du dossier ;

Après en avoir délibéré conformément en la loi, la Cour a statué en ces termes :

En la forme :

Considérant que l'arrêté n°024/MC/SG/DAAFM/DRH/04 portant nomination des agents de la communication aux postes de responsabilité a été pris le 22/7/04 ; que le conseil des requérants n'a pas introduit un recours gracieux pour demander à Monsieur le Ministre de la Communication de rapporter sa décision ;

Que le 10/12/04 le conseil des requérants a introduit auprès de la Cour Suprême un recours juridictionnel ;

Que de la date de l'apparition de l'arrêté querellé à la date de la saisine de la Cour il s'est écoulé cinq (5) mois alors que l'article 76 de la loi n°006/PR/98 portant organisation et fonctionnement de la Cour suprême dispose que : "le délai du recours est de trois (3) mois à moins qu'il n'en ait été prévu des spéciaux par des dispositions législatives particulières" ;

Ce délai court du jour de la publication ou de la notification de la décision si elle est expresse du jour de l'expiration du délai de quatre (4) mois si elle est explicite» ; que dans le cas d'espèce, le conseil des requérants n'a pas respecté le délai de trois (3) mois prescrit par la loi n°006/PR/98 du 7/8/98 ;

Qu'il échet de déclarer irrecevable la requête introduite par le Syndicat des Professionnels de la Communication tendant à l'annulation de l'arrêté n°24/MC/DAAFM/DRH du 22/7/04 pour recours d'excès de pouvoir ;

Que par contre pour le recours de plein contentieux le conseil des requérants a introduit dans le délai de quatre (4) mois de la notification de la décision, qu'il convient de déclarer le recours de plein contentieux recevable ;

Au fond :

Qu'en effet, au soutien de sa requête, le conseil des requérants développe dans ses écritures que le Ministre de la Communication approché a refusé de mettre à la disposition des requérants l'arrêté incriminé et l'état portant retenue de 17 jours de salaire du mois de juillet 2004 aux 85 agents du Ministère de la Communication se proposant de les remettre directement à la Cour suprême ;

Que, le Service du Suivi Judiciaire et du Contentieux Administratif du Secrétariat Général du Gouvernement, invoque dans ses conclusions que s'agissant de la réclamation des retenues de salaires dont les requérants se prévalent, ceci constituerait plutôt un recours de pleine juridiction qui ne peut se confondre avec le recours pour excès de pouvoir comme c'est le cas d'espèce ;

Que le salaire n'est pas un avantage social accordé aux fonctionnaires comme le prétend le contradicteur, mais plutôt la contre partie de service rendu par les fonctionnaires ; qu'ainsi, il échet de renvoyer les requérants à mieux se pourvoir de ce chef ;

Qu'en absence de service fait, l'agent n'a droit à la rémunération correspondant à la durée de l'interruption de travail ;

Que l'article 13 de la loi 17 portant Statut Général de la Fonction Publique dispose : « tout fonctionnaire a droit après service fait à une rémunération » ;

Que les requérants qui ont cessé volontairement le travail ne peuvent légalement réclamer le reversement des retenues de salaire consécutif à cette cessation du travail ;

Que le Commissaire du Gouvernement dans ses conclusions invoque que le droit de grève et son exercice sont consacrés par les articles 8 et 9 de la loi n°17/PR/2001 portant Statut Général de la Fonction Publique ;

Que c'est à tort que le représentant de l'Etat a assimilé l'exercice de droit de grève à un abandon de poste ;

Que pour régler le problème de rupture du principe de la continuité de service, l'Etat dispose d'un moyen légal à savoir la réquisition consacrée par l'article 9 de la loi précitée ;

Que dans le cas d'espèce, il a été refusé aux 85 agents de la Communication de l'Etat le paiement du salaire et l'arrêté portant nomination des agents aux postes de responsabilité ;

Que ceci constitue une violation des dispositions de l'article 111 de la loi n°17/PR/2001 portant Statut Général de la Fonction Publique qui impose à l'Administration de notifier au fonctionnaire la sanction qui le frappe ;

Que de ce qui précède, il est évident que les mesures de relèvement de fonctions et les retenues des salaires des agents grévistes prises par le Ministre de la Communication sont entachées de nombreuses irrégularités ;

Que concernant les restitutions des pièces comptables, le Chef de Service du Suivi Judiciaire et du Contentieux Administratif du Secrétariat Général du Gouvernement, chargé de défendre les intérêts de l'Etat devant la Cour Suprême n'est pas en mesure d'entrer en possession desdites pièces;

Que c'est ainsi que la Chambre a saisi par deux fois le Ministre de l'Economie et des Finances pour instruire ses services afin de mettre à sa disposition cet état de salaire mais en vain ;

Que même le Président de la Cour Suprême par lettre n°172/CS/CA du 1er août 2005 a saisi le Premier Ministre pour la communication des pièces comptables que le Ministre des Finances détient ;

Que par lettre n°769/PM/CAB/CAAJ/2005 du 15/8/05, le cabinet du Premier Ministre, sur instruction ferme du Premier Ministre, Chef du Gouvernement a demandé au Ministre de l'Economie et des Finances de transmettre urgemment au greffe de la Cour Suprême l'état de salaire des agents de la communication ;

Que malgré les fermes instructions du Premier Ministre, Chef du Gouvernement, le Ministre de l'Economie et des Finances n'a pas daigné transmettre lesdites pièces au greffe de la Cour pour d'éventuelles vérifications ;

Qu'en gardant ainsi le Ministre de l'Economie et des Finances a acquiescé aux faits exposés par le conseil des requérants ;

Que de ce qui précède, il convient de dire que la mesure des retenues de salaire de 85 agents de la Communication a été prise sur la base d'aucun acte comme l'exige la loi donc elle est entachée d'irrégularité, qu'il échet d'ordonner à l'Etat le versement de la somme de 7.452.675 francs CFA représentant les retenues de 17 jours de salaires de mois de juillet 2004 illégalement opérées ;

Sur les dommages-intérêts

Considérant que les requérants ont sous la plume de leur conseil déclaré se constituer parties civiles et ont demandé à la Cour Suprême de condamner l'Etat à leur payer la somme de 150.000.000 francs CFA de dommages-intérêts pour les préjudices qu'ils ont subis ;

Que cette demande de dommages-intérêts est justifiée par le fait que la procédure utilisée pour la retenue des salaires n'est pas orthodoxe, qu'il convient d'y faire droit

Considérant enfin que les requérants demandent à la Cour Suprême de condamner l'Etat à leur payer la somme de 150.000.000 francs CFA à titre de dommages-intérêts ;

Que ce montant de dommages-intérêts sollicité par les requérants apparaît exagéré et que la Cour dispose des éléments d'appréciation suffisants pour évaluer le montant du préjudice subi à la somme de 5.000.000 francs CFA (cinq millions de francs) ;

PAR CES MOTIFS :

Statuant publiquement, contradictoirement à l'égard des parties en matière administrative en premier et dernier ressort ;

Décide :

En la forme :

Article 1er : Déclare la requête introduite le 10/12/04 par Maître Kodengar Odjengar Radet en ce qui concerne l'annulation de l'arrêté n°024/MC/SG/DAAFM/DRH/04 du 22 juillet 2004 irrecevable. Par contre déclare recevable celle concernant la retenue de 17 jours de salaire de mois de juillet 2004 pour les 85 agents de la communication ayant observé la grève ;

Article 2 : Ordonne à l'Etat tchadien de restituer la retenue de salaire de 17 jours aux 85 agents de la communication ayant observé la grève soit un montant total de sept millions quatre cent cinquante deux mille six cent soixante quinze francs (7.452.675 francs CFA) ;

Article 3 : Condamne l'Etat tchadien à verser aux 85 agents de la communication ayant observé la grève la somme de cinq millions de francs (5.000.000 francs CFA) à titre de dommages et intérêts pour tous préjudices confondus ;

Article 4 : Met les dépens à la charge du Trésor Public ;

Article 5 : Dit que l'expédition du présent arrêt sera notifiée au Ministre des Finances et au Ministre de la Communication ;

En foi de quoi, le présent arrêt a été signé par le Président, le Conseiller rapporteur et le Greffier.

Président : Ousmane Salah Idjemi
Juges : Ahmat Oumar Outmane ; Souroumbaye Djébadion
Avocat : Kodengar Radet

✓ **ANNEXE 10 :** Arrêt n°038/CS/CA du 24 septembre 2008, Ayant droit DJIDINGAR DONO Ngardoum c/ État tchadien

REPUBLIQUE DU TCHAD
COUR SUPRÊME
Chambre Administrative
Section Contentieuse

Arrêt n° 038/CS/CA/SC/08 du 24 /9/08

Affaire : **AYANTS DROIT DJIDINGAR DONO NGARDOUM C/ MINISTERE DE L'ECONOMIE ET DES FINANCES (ETAT TCHADIEN)**

En son audience publique tenue au siège de ladite Cour et le 24 septembre deux mille huit où étaient présents et siégeaient :

Président .... **OUSMANE SALAH IDJEMI ;**
Conseiller Rapporteur .... **SOUROUMBAYE DJEBADION ;**
Conseiller .... **AHMAT OUMAR OUTMAN ;**

En présence de Monsieur **MAHAMAT HISSEIN**.........**Commissaire du Gouvernement ;**
Avec l'assistance de Maître **TOUBARO DENEMADJI Géraldine** .... **Greffière ;**

A été rendu l'arrêt dont la teneur ;

Entre :

AYANTS DROIT DJIDINGAR DONO NGARDOUM, ayant pour Conseil, Me BAHDJE Magloire, avocat au barreau de du Tchad ;

Demandeurs d'une part ;

Et
Le Ministère de l'Economie et des Finances (ETAT TCHADIEN), représenté parle Directeur du Contentieux Administratif du Secrétariat Général du Gouvernement ;

Défendeur d'autre part ;

LA COUR

Vu la requête aux fins d'annulation des titres fonciers n° RI 1900 du 22/11/1994 et RI 1901 du 23/11/1994 présentée par le conseil des requérants le 10 août 2006 AU GREFFE DE LA Cour Suprême le 14 août 2006 sous le n° 040 ;
Vu la loi organique n° 006/PR/98 du 07 août 1998 portant Organisation et Fonctionnement de la Cour Suprême ;
Vu les conclusions de la Direction du Contentieux Administratif du Secrétariat Général du Gouvernement représentant l'Etat Tchadien, en date du 14 septembre 2006 tendant à déclarer la requête recevable en la forme et non fondée au fond et par voie de conséquence ordonner l'annulation des tires fonciers ;
Vu l'ensemble des pièces produites et versées au dossier ;
Oui Monsieur SOUROUMBAYE DJEBADION, Conseiller Rapporteur en son rapport du 19 mars 2008 ;
Oui Monsieur MAHAMAT HISSEIN, Commissaire du Gouvernement en ses conclusions en date du 04 juin 2007 ;
Après en avoir délibéré conformément à la loi ;

Considérant suite à une procédure enclenchée par dame HADJE AKAYA BINEYE et son fils ainé BINEYE MOUSSA en vue d'obtenir des titres fonciers sur les parcelles litigieuses de feu DJINDINGAR DONO NGARDOUM sises à MADJAFA, sous-préfecture de Linia, préfecture du Chari-Baguirmi, le conservateur de la propriété foncière délivra à ceux-ci les titres fonciers n° RI 1900 du 23/11/1994 et n° RI 1901 du 23/11/1994.

Considérant que compte tenu des irrégularités ayant entaché l'obtention des titres fonciers : violation de la procédure d'immatriculation : constatation et évaluation des droits par une commission selon l'article 48 du décret n° 106/PR du 1er août 1967 sur le régime de la propriété foncière et les droits coutumiers : « la constatation et l'évaluation des droits sont faits par une commission présidée par le préfet et comprenant un représentant du service des domaines, un représentant du service du

cadastre, un représentant du service de l'agriculture, un représentant du service de l'élevage, un représentant du service des eaux et forêts ou sur décision préfectorale un membre du tribunal de droit local, le chef de village et un notaire ». Qu'en dehors du préfet, toutes les autres personnes citées ne figurent pas sur le procès-verbal N° 105/PCB/DOM/1994 de constatation de mise en valeur d'un terrain rural de 10 hectares en cause ;
L'article 16 du décret 186/PR du premier août 1967 dispose que : « **le conservateur procède à l'immatriculation sur le vu de l'expédition conforme de l'ordonnance du président du tribunal ou de la décision de la juridiction d'appel et dans tous les cas, après expiration du délai d'appel »** ;
Que cette procédure n'a pas été observé ;
Que surabondamment un dossier en vue de l'obtention du titre foncier n'a pas été constitué par les intéressés.

Considérant que le conseil des requérants a préalablement à la présente saisine, saisi le 20 mars 2006, le Ministre de l'Economie et des Finances lui demandant d'annuler les titres fonciers en cause.

Considérant que le 14 septembre 2008, la Direction du Contentieux Administratif du Secrétariat Général du Gouvernement apporte une réplique tendant à déclarer la requête recevable en la forme puisque introduite conformément aux textes en vigueur ; la déclarer fondée au fond : violation des articles 47, 48 et 49 du décret 186/PR du 1re août 1967 déterminant les conditions d'établissement d'un titres foncier, violation de l'article 48 du décret relatif à la procédure d'immatriculation ; Ordonner par voie de conséquence l'annulation des dits titres fonciers.

En droit

En la forme

Considérant que la délivrance des titres fonciers par le conservateur de la propriété foncière date du 23 novembre 1994 ;

Considérant que le recours hiérarchique n'est formé que le 20 mars 2006 soit plus de dix(10) ans ;

Considérant que le recours administratif doit intervenir dans le délai contentieux qui est de 3 mois conformément à l'article 76 de la loi organique n° 006/PR/1998 portant Organisation et Fonctionnement de la Cour Suprême ; qu'il y a lieu de déclarer la requête irrecevable pour forclusion ;

Considérant que l'intervention volontaire de la dame HADJE AKHAYE BINEYE est intervenue sur la base de l'article 97 de la loi organique n° 006/PR/1998, il y a lieu de la recevoir.
Que la partie qui succombe supporte les frais ; qu'il y a lieu en conséquence de condamner les requérants aux dépens.

PAR CES MOTIFS

Statuant publiquement et contradictoirement à l'égard des parties en matière administratives et dernier ressort ;

Article 1er : Déclare le requête introduite le 14 août 2004 par les ayants droit DJIDINGAR DONO NGARDOUM tendant à l'annulation de la délivrance des titres fonciers RI 1900 et 1901 du 23 novembre 1994 par le conservateur de la propriété foncière irrecevable pour forclusion ;

Article 2 : Déclare l'intervention volontaire de dame HADJE AKHAYE BINEYE recevable et fondée ;

Article 3 : Condamne les requérants aux dépens.

En foi de quoi le présent arrêt a été signé par le président, le Conseiller rapporteur et la Greffière.

ANNEXE 11 :_Arrêt n°007/CS/CA du 07 aout 2009, X et autres c/ ministère de la Culture, de la Jeunesse et des Sports, *Revue juridique tchadienne*, n° 21, décembre 2011, pp. 13-15

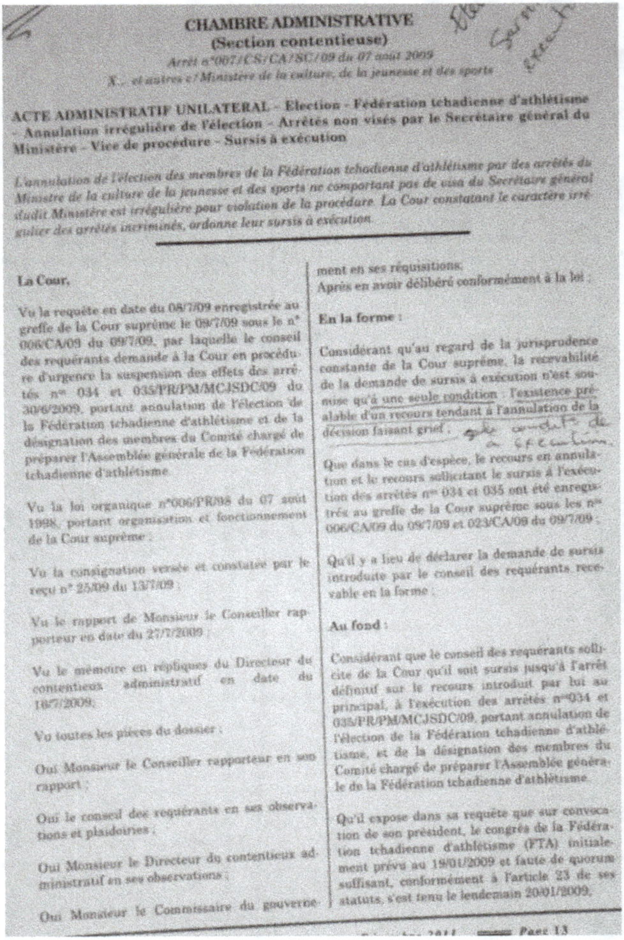

CHAMBRE ADMINISTRATIVE
(Section contentieuse)
Arrêt n°007/CS/CA/SC/09 du 07 aout 2009
X... et autres c/ Ministère de la culture, de la jeunesse et des sports

ACTE ADMINISTRATIF UNILATERAL - Election - Fédération tchadienne d'athlétisme - Annulation irrégulière de l'élection - Arrêtés non visés par le Secrétaire général du Ministère - Vice de procédure - Sursis à exécution

L'annulation de l'élection des membres de la Fédération tchadienne d'athlétisme par des arrêtés du Ministre de la culture de la jeunesse et des sports ne comportant pas de visa du Secrétaire général dudit Ministère est irrégulière pour violation de la procédure. La Cour constatant le caractère irrégulier des arrêtés incriminés, ordonne leur sursis à exécution.

La Cour,

Vu la requête en date du 08/7/09 enregistrée au greffe de la Cour suprême le 09/7/09 sous le n° 006/CA/09 du 09/7/09, par laquelle le conseil des requérants demande à la Cour en procédure d'urgence la suspension des effets des arrêtés n°s 034 et 035/PR/PM/MCJSDC/09 du 30/6/2009, portant annulation de l'élection de la Fédération tchadienne d'athlétisme et de la désignation des membres du Comité chargé de préparer l'Assemblée générale de la Fédération tchadienne d'athlétisme.

Vu la loi organique n°006/PR/98 du 07 aout 1998, portant organisation et fonctionnement de la Cour suprême ;

Vu la consignation versée et constatée par le reçu n° 25/09 du 13/7/09 ;

Vu le rapport de Monsieur le Conseiller rapporteur en date du 27/7/2009 ;

Vu le mémoire en répliques du Directeur du contentieux administratif en date du 18/7/2009 ;

Vu toutes les pièces du dossier ;

Oui Monsieur le Conseiller rapporteur en son rapport ;

Oui le conseil des requérants en ses observations et plaidoiries ;

Oui Monsieur le Directeur du contentieux administratif en ses observations ;

Oui Monsieur le Commissaire du gouvernement en ses réquisitions ;
Après en avoir délibéré conformément à la loi ;

En la forme :

Considérant qu'au regard de la jurisprudence constante de la Cour suprême, la recevabilité de la demande de sursis à exécution n'est soumise qu'à une seule condition : l'existence préalable d'un recours tendant à l'annulation de la décision faisant grief ;

Que dans le cas d'espèce, le recours en annulation et le recours sollicitant le sursis à l'exécution des arrêtés n°s 034 et 035 ont été enregistrés au greffe de la Cour suprême sous les n°s 006/CA/09 du 09/7/09 et 023/CA/09 du 09/7/09 ;

Qu'il y a lieu de déclarer la demande de sursis introduite par le conseil des requérants recevable en la forme ;

Au fond :

Considérant que le conseil des requérants sollicite de la Cour qu'il soit sursis jusqu'à l'arrêt définitif sur le recours introduit par lui au principal, à l'exécution des arrêtés n°s 034 et 035/PR/PM/MCJSDC/09, portant annulation de l'élection de la Fédération tchadienne d'athlétisme, et de la désignation des membres du Comité chargé de préparer l'Assemblée générale de la Fédération tchadienne d'athlétisme.

Qu'il expose dans sa requête que sur convocation de son président, le congrès de la Fédération tchadienne d'athlétisme (FTA) initialement prévu au 19/01/2009 et faute de quorum suffisant, conformément à l'article 23 de ses statuts, s'est tenu le lendemain 20/01/2009.

Page 13

Que conformément à l'article 21 des statuts de la Fédération tchadienne d'athlétisme, les membres du congrés sont représentés par leurs délégués deux (2) par ligue dont un (1) avec droit de vote ;

Que tout s'est passé jusqu'au moment de procéder aux élections que quelques cadres du Ministère des sports accompagnés de certains membres du bureau exécutif sortant de la Fédération tchadienne d'athlétisme et suivis par quelques délégués régionaux des sports se sont retirés de la salle au moment des votes ;

Que les élections se sont déroulées en présence de trois (3) délégues et les membres du bureau exécutif sortant lesquels aux termes des articles 30 et 33 des statuts constituent le comité directeur chargé d'élire en son sein, le bureau exécutif de la Fédération tchadienne d'athlétisme ;

Qu'à l'issue de ces élections que Maître X... a été reconduit à la tête de la Fédération tchadienne d'athlétisme ainsi que d'autres membres du bureau exécutif sortant ;

Que le conseil des requérants soutient qu'il est surprenant que cinq (5) mois plus tard, le Ministre de la culture, de la jeunesse et des sports, sans visa d'aucun texte, ni de son Secrétaire général a, par arrêtés n°034 et 035/PR/PM/MCJSDC/09 du 30/6/09 déclaré nulle et non avenue cette élection du 20/01/09 en se référant à l'esprit de la lettre de protestation émise par quatorze (14) délégués participants sur seize (16) au congrès ; et mis en place un comité chargé de préparer l'Assemblée générale de la Fédération ;

Que le conseil des requérants trouve qu'il y a un doute sérieux quant à la légalité des deux (2) arrêtés qui causent à ses clients un préjudice difficilement réparable si leur exécution au vu de cette urgence ci-dessus ne venait pas à être suspendue ;

Vu le mémoire en répliques, enregistré le 27/7/09, présenté pour le Ministère de la culture, de la jeunesse et des sports par la Direction du contentieux administratif qui conclut au rejet de la requête en ce que le vote à l'origine du nouveau bureau exécutif de la FTA querellé a-t-il été réalisé par 10 votants sur 29, donc inférieur au quorum, à la lecture du rapport présenté au Ministère de la culture par son représentant ayant pris part aux assises ;
Or la Fédération tchadienne d'athlétisme est tenue au respect des lois et règlement en vigueur et le Ministère de la jeunesse et des sports est quant à lui chargé de veiller au respect, par les fédérations, desdits textes ;

D'où il suit que le Ministère de la culture, de la jeunesse et des sports est intervenu, en considération des violations des textes en vigueur pour exiger une nouvelle organisation des élections dans l'intérêt de tous les compétiteurs et par conséquent de toute la nation

Que de ce qui précède, il échet d'exécuter le plutôt les termes des arrêtés incriminés afin de mettre sur pied un bureau exécutif à la satisfaction de tous, permettant ainsi à la préparation des prochaines échéances sportives sans encombres ;

Vu les conclusions du Commissaires du gouvernement en date du 23/7/09 qui rejettent la requête pour défaut d'un recours préalable tendant à l'annulation des arrêtés n°034 et 035/PR/PM/MCJSDC/09 ;

Considérant que le conseil des requérants a dans sa requête soulevé que les arrêtés n°s 034 et 035/PR/PM/MCJSDC/09, portant annulation de l'élection de la Fédération tchadienne d'athlétisme et portant désignation des membres du Comité chargé de préparer l'Assemblée générale ne portent pas de visa du Secrétaire général, ni ne visent les textes réglementaires

Sur le moyen tiré de la violation de la loi :

Considérant que l'acte écrit constitue la modalité la plus fréquente. Il comporte un dispositif et des visas qui indiquent les fondements juridiques et les éléments de procédure antérieurs à l'acte, ainsi que des signatures et éventuellement des contreseings ;

Que dans le cas d'espèce, les arrêtés n^{os}034 et 035/PR/PM/MCJDC/09, portant annulation de l'élection de la Fédération tchadienne d'athlétisme et portant désignation des membres du comité chargé de préparer l'Assemblée générale attaqués n'ont pas requis le visa du Secrétaire générale du Ministère, lequel visa est exigé par le décret n°332/PR/PM/02 du 26/7/2002, portant création, organisation et attributions des Secrétaires généraux des Départements ministériels en son article 4 qui dispose «sous l'autorité du Ministre, le Secrétaire général coordonne, anime et contrôle les activités du Secrétariat général. A ce titre, il est chargé notamment de faire élaborer les projets de lois, règlements, instructions et directives concernant l'organisation, le fonctionnement et les attributions du Ministère et des directions qui y sont rattachées, et d'y apposer son visa ».

Que dès lors, Monsieur le Ministre a refusé de faire apposer sur les deux arrêtés querellés le visa du Secrétaire général qui fait partie d'une procédure ; que ce refus entache la régularité de ces deux arrêtés attaqués ;

Qu'en conséquence, le moyen du conseil des requérants tiré de la violation des termes de l'article 4 du décret n°332/PR/PM/02 du 26/7/2002, portant création, organisation et attributions des Secrétaires généraux des Départements ministériels est fondé ;

Que de tout ce qui précède, il échet, conformément à l'article 91 de la loi organique n°006/PR/98 du 07 août 1998, portant organisation et fonctionnement de la Cour suprême, de dire qu'il y a urgence et ordonner le sursis à l'exécution de deux arrêtés.

Par ces motifs

Statuant publiquement et contradictoirement à l'égard des parties en matière de référé administratif aux fins de sursis à exécution et en premier et dernier ressort ;

Article 1er : Déclare la requête recevable en la forme ;
Article 2: Dit qu'il y a urgence ;
Article 3: Ordonne le sursis à l'exécution des arrêtés n°034 et 035/PR/PM/MCJSDC/09 du 30/6/09 de Monsieur le Ministre de la culture, de la jeunesse et des sports ;

Article 4: Met les dépens à la charge du Trésor public

Article 5 : Dit que notification du présent arrêt sera faite aux parties.

Président : Abderahim Bireme Hamid,
Conseiller rapporteur : Ahmat Oumar Outmane,
Conseiller : Souroumbaye Djebadion,
Commissaire du gouvernement : Annadjib Youssouf

*****

ANNEXE 12 : Arrêt n°019/CS/CA du 14 juillet 2010, D.L et 9 autres c/ ministère de l'Intérieur et de la Sécurité Publique, *Revue juridique tchadienne*, n°27, mars 2016, pp. 11-12

Arrêt n°019/2010 du 14 juillet 2010 de la Cour suprême, chambre administrative, section contentieuse

Affaire : D. L. et 9 autres (Cabinet Ngadjadoum) contre le Ministère de l'Intérieur et de la Sécurité Publique (État Tchadien)

RECOURS POUR EXCÈS DE POUVOIR – Élection – Chefferies traditionnelles – Statut – Nomination – Annulation

Un recours pour excès de pouvoir a été introduit par de candidats potentiels à l'élection cantonale de leur circonscription. En effet, par décret, le Ministre de l'Intérieur et de la Sécurité a nommé un chef de canton non issu de la lignée faisant au mépris des dispositions de l'ordonnance portant statut et attributions des autorités traditionnelles et coutumières selon lesquelles « les autorités traditionnelles et coutumières sont choisies parmi les personnes issues de la lignée de la chefferie de la localité ». Un tel acte de nomination ne peut qu'encourir annulation par le juge administratif.

La Cour,

Considérant que par requête introductive d'instance en date du 08 février 2010, le sieur D. L. et 9 autres ont saisi la Chambre administrative de la Cour suprême pour demander l'annulation du décret n°713/PR/PM/MISP/09 du 08/07/09 du Ministère de l'Intérieur et de la Sécurité Publique portant nomination de M. K. N. en qualité de chef de canton de Bessei ;

Considérant qu'à l'appui de leur requête, les requérants soutiennent que des cantons ont été créés par décret n°437/PR/PM/MAT/06 du 14 juin 2006 dans les sous-préfectures de la région du Logone Occidental dont le canton Bessei ;

Considérant qu'à la suite de la publication de ce décret, le sous-préfet de Moundou aurait convoqué les chefs de villages voisins de Bessei I et II, les invitant à déposer dans un bref délai, les dossiers des éventuels candidats au cantonnât nouvellement créé et qu'une date butoir aurait été fixée au 13 mai 2009 ;

Considérant que l'association pour le développement de Bessei a, par courrier du 08 mai 2009, saisi le Ministre de l'Intérieur et de la Sécurité Publique pour l'organisation d'une élection cantonale ;

Considérant qu'au jour fixé pour les élections, à savoir le 13 mai 2009, le sous-préfet laissera entendre à la population venue massivement qu'il n'y aura pas d'élection et que le chef de Canton de Bessei sera nommé par décret ;

Considérant que c'est dans ces circonstances qu'a été signé le 08 juillet 2009 le décret n°713/PR/PM/MISP/09 du Ministère de l'Intérieur et de la Sécurité Publique portant nomination de M. K. N. en qualité de chef de canton de Bessei ;

Sur la recevabilité de la requête aux fins d'annulation du décret n°713/PR/PM/MISP/09 du 08/07/09 du Ministère de l'Intérieur et de la Sécurité Publique portant nomination de M. K. N.

Considérant qu'aux termes de l'article 76 de la loi organique n°006/PR/98 du 07/08/98 portant organisation et fonctionnement de la Cour suprême, « le délai de recours est de trois (3) mois, à moins qu'il n'en ait été prévu de spéciaux par des dispositions législatives particulières.

Ce délai court du jour de la publication ou de l'expiration du délai de quatre (4) mois si elle est implicite... »

Considérant que le décret portant nomination de M. K. N. en qualité de chef de canton de Besseï a été édicté le 08 juillet 2009 et que, le silence gardé par l'Administration pendant plus de quatre (4) mois vaut décision implicite de rejet ; qu'en conséquence la requête introduite par le sieur D. L. et autres dans le délai de trois(3) mois commençant à courir à l'expiration du délai de quatre (4) mois est recevable ;

Sur la violation des dispositions de l'ordonnance n°04/PR/2008 portant statut et attributions des autorités traditionnelles et coutumières

Considérant qu'il ressort des dispositions de l'article 26 de l'ordonnance précitée que : « les autorités traditionnelles et coutumières sont choisies parmi les personnes issues de la lignée de la chefferie de la localité » ;

Considérant qu'en l'espèce, il s'agit de l'élection d'un nouveau canton à savoir celui de Besseï et que la désignation du nouveau chef doit se faire par élection parmi les personnes ressortissantes de cette lignée des chefs de village ;

Considérant que contre toute attente, et alors que la date des élections a été fixée pour le 13 mai 2009 les chefs de village Besseï I et II ont été surpris d'apprendre la nomination par décret de Monsieur K. N. en qualité de chef de canton de Besseï ;

Considérant qu'en nommant le nouveau chef de canton de Besseï sans consulter la base c'est-à-dire sans organiser préalablement les élections dans la lignée de la chefferie du village, le Ministre de l'Intérieur et de la Sécurité Publique a excédé ses pouvoirs et qu'il y a lieu en conséquence d'annuler le décret n°713/PR/MISP/2009 du 08 juillet 2009 pour excès de pouvoir.

Par ces motifs :

La Cour,

Statuant publiquement et contradictoirement à l'égard des parties en matière de recours pour excès de pouvoir et en premier et dernier ressort

Article 1 : Déclare la requête introduite par D. L. et 9 autres irrecevable.

Article 2 : Les condamne aux dépens liquidés à la somme de 27 800 francs.

Article 3 : Dit que l'expédition du présent arrêt sera notifiée aux parties.'

En foi de quoi, le présent arrêt a été signé par le Président Rapporteur et la Greffière.

Président-rapporteur : Adjib Koulamallah

Conseillers : Ahmat Oumar Outman ; Souroumbaye Djebadion

Greffière : Me Toubaro Dénémadji Géraldine

ANNEXE 13 : Arrêt n° 001/CJ/CEMAC/CJ/07 du 01/02/2007, Société anonyme des Brasseries du Cameroun c/ République du Tchad.

COUR DE JUSTICE

CHAMBRE JUDICIAIRE

ARRÊT N°001/CJ/CEMAC/CJ/07
Du 1er /02/2007

AFFAIRE : Société Anonyme des Brasseries du Cameroun (Me Djaïbé)

C/

La République du Tchad (HODJIMA ASTAL)

(Requête aux fins de sursis à exécution de l'Arrêté n°160/MFEP/SG/DGDDI/2006 du Ministre des Finances)

COMMUNAUTE ECONOMIQUE ET MONETAIRE DE L'AFRIQUE CENTRALE

" AU NOM DE LA COMMUNAUTE "

La Cour de Justice de la Communauté Economique et Monétaire de l'Afrique Centrale (CEMAC), Chambre Judiciaire, siégeant à N'Djaména (République du Tchad) le 1er février deux mille sept en formation ordinaire, composée de :

- ANTOINE MARADAS, Président,
- Georges TATY, Juge Rapporteur,
- DADJO GONI, Juge.

Assistée de Maître RAMADANE GOUNOUTCH, Greffier ;

A RENDU L'ARRET SUIVANT :

ENTRE

La société Anonyme des Brasseries du Cameroun (SABC), prise en la personne de son représentant légal, M. SIAKA, dont le siège social est Douala, assistée de Maître DJAIBE K. ALLAÏSSEM, Avocat au Barreau national du Tchad, BP. 1011 N'DJAMENA, Tél. (235) 52 49 99, Fax/Tél 52 36 85,

Demanderesse, d'une part ;

ET

La République du Tchad, représentée par M. HODJIMA ASTAL, Directeur du Contentieux administratif au Secrétariat Général du Gouvernement

Défenderesse, d'autre part ;

LA COUR

Vu le Traité instituant la Communauté Economique et Monétaire de l'Afrique Centrale (CEMAC) du 16 mars 1994,

Vu l'Additif au Traité de la CEMAC relatif au système institutionnel et juridique de la Communauté,

Vu la Convention du 5 juillet 1996 régissant la Cour de Justice de la CEMAC,

Vu les Actes Additionnels n°010/2006/CEMAC/CJ/CCE, et n°11/2006/CEMAC/CJ/CCE des 13/07/2006 et 07/08/2006 pris par le Président en exercice de la Conférence des Chefs d'Etat et de Gouvernement de la CEMAC portant renouvellement de mandat des membres de la Cour de Justice,

Vu l'Acte Additionnel n° 04/00/CEMAC/041-CCE du 14 décembre 2000 portant Règlement de procédure de la Chambre judiciaire de la Cour de Justice de la CEMAC,

Vu la requête de la Société Anonyme des Brasseries du Cameroun en date du 23 novembre 2006,

Vu la lettre n°06/PR/PM/SGG/DG/DCA/07 en date du 12 janvier 2007 du Directeur du contentieux administratif du Secrétariat Général du Gouvernement,

Vu les pièces produites et jointes au dossier,

Oui, Monsieur Georges TATY, Juge Rapporteur en son rapport ;

Oui, Me ALLAÏSSEM K. DJAIBE, Avocat de la Société des Brasseries du Cameroun en ses observations,

Après en avoir délibéré au droit communautaire,

Faits et procédure

Considérant que par requête enregistrée au greffe le 27 novembre 2006, la Société Anonyme des Brasseries du Cameroun (ci-après " SABC ") a introduit un recours visant à l'annulation de l'arrêté n°160/MFEP/SG/DGDDI/2005 du Ministre des finances pour violation de l'Acte n°7/93 – UDEAC – CD – 556 – SE 1 du 21 juin 1993 tel que modifié par l'Acte n°1/98 UDEAC – 1505 – CD – 61

Considérant que par acte séparé enregistré au greffe le même jour, la requérante a introduit en vertu des articles 57 et suivants du Règlement de procédure de la Chambre Judiciaire une demande de sursis à l'exécution de l'arrêté litigieux

qu'elle expose à l'appui de sa requête :

- qu'elle produit au Cameroun des bières de malt de type castel qu'elle commercialise au Tchad ;
- que ces produits sont soumis au tarif préférentiel généralisé au taux zéro instauré par l'Acte n°7/93 UDEAC – CD – 556 – SE 1 du 21 juin 1993 ;
- que le 29 septembre 2006 le Ministère des Finances tchadien a pris un arrêté remettant en cause cette tarification en soumettant les produits au tarif extérieur commun de 30%.

Elle conclut à l'existence d'une violation grave du droit communautaire, notamment l'article 15 du Traité de l'UDEAC, modifié par l'acte n°2/91 – UDEAC – 556 – CE – 27 du 6 décembre 1991, qui dispose que le régime de tarification relève de la compétence exclusive du Comité de direction de la CEMAC.

Considérant que par lettre du 12 janvier 2007 l'Etat tchadien a soulevé in limine litis une exception de litispendance au motif qu'une procédure identique a été engagée devant la Cour Suprême du Tchad, le 20 décembre 2006.

qu'à titre subsidiaire, au cas où la Cour retiendrait sa compétence, il conclut à l'irrecevabilité de la demande, car il n'y a ni urgence, ni préjudice grave et irréparable qui résulterait pour la requérante de l'exécution de l'arrêté en vigueur depuis le 29 septembre 2006.

Considérant que dans ses observations orales à l'audience du 25 janvier 2007, le conseil de la requérante a contesté l'affirmation de l'Etat tchadien selon laquelle il y a litispendance en faisant valoir :

- que la juridiction communautaire a été saisie en premier lieu le 27 novembre 2006 ;
- qu'il appartenait à la juridiction nationale saisie le 20 décembre 2006 de se dessaisir du litige au profit de la Cour de Justice

que s'agissant de l'urgence, il estime que l'exécution de l'arrêté du Ministre des Finances pourrait avoir des conséquences financières préjudiciables pour la requérante [illegible]

Sur la compétence

Considérant que la Société Anonyme des Brasseries du Cameroun a saisi la Cour d'une requête aux fins de sursis à exécution à la suite du recours en annulation de l'arrêté du Ministre des Finances tchadien,

Considérant qu'en tant qu'organe de contrôle juridictionnel, la Cour a, aux termes des articles 2, 5 du Traité, et 11 de la Convention la régissant pour mission fondamentale de veiller à la conformité avec le droit communautaire des actes juridiques énumérés aux articles 20 et 21 de l'Additif au Traité, qui lui sont déférés, à l'exception de ceux qui émanent du Parlement communautaire et de la Cour ;

Considérant que la question posée à la Cour en l'espèce est celle de savoir si l'arrêté du Ministre des Finances du Tchad fait ou non partie de la catégorie des actes attaquables devant la juridiction communautaire ;

Considérant qu'il ressort de l'examen des pièces versées au dossier de la procédure que l'acte contesté est une mesure de droit interne,

qu'en vertu du principe de la séparation des fonctions entre les juridictions nationales et la Cour, cet acte échappe à la compétence de la Cour de Justice de la CEMAC,

qu'il en est de même de la demande de sursis ;

PAR CES MOTIFS

Statuant publiquement, en matière de droit communautaire,

Se déclare incompétente pour connaître de la demande portant sursis à exécution de l'arrêté du Ministre des Finances,

Reserve les dépens.

Ainsi jugé et prononcé en audience publique à N'Djamena, le premier février deux mille sept.

Et ont signé le Président, les Juges et le Greffier

ANTOINE MARADAS	DADJO GONI	GEORGES TATY
PRESIDENT	JUGE	JUGE RAPPORTEUR

GREFFIER

Maître RAMADANE GOUNOUTCH

BIBLIOGRAPHIE

I. Ouvrages

1. **ABANE ENGOLO (Patrick Edgard),** *Traité de contentieux administratif du Cameroun, Paris*, L'Harmattan, 2019, 396 pages.
2. **AUBY (Jean-Marie) et DRAGO (Roland)**,
    - *Traité de contentieux administratif*, 3e édition, Paris, LGDJ, Tome 1er, 1984,1104 pages.
    - *Traité des recours en matière administrative*, Paris, Litec, 1992, 686 pages.
3. **BATANGA (Botakile),** *Précis du contentieux administratif congolais Tome 1*, Louvain-la-Neuve : Academia l'Harmattan, 2014, 160 pages.
4. **BINYOUM (Joseph)** et **NGOLE NGWESE,** *Éléments de contentieux administratif camerounais,* Paris, L'Harmattan, 2010, 264 pages
5. **BOCKEL (Alain),**
    - *L'administration publique camerounaise*, encyclopédie administrative, I.I.A.P., Paris, Berger-Levrault, 1971, 274 pages.
    - *Droit administratif*, N.E.A., 1980, 541pages.
6. **BOT (Yves),** *Les Institutions Judiciaires : Organisation et Fonctionnement,* Berger-Levrault, Paris, 1985, 220 pages.

7. **CHAPUS (René),**
   - *Droit administratif général*, 7e édition, Montchrestien, Tome 1, 1993, 1139 pages.
   - *Droit du contentieux administratif,* 13e édition, Montchrestien, *2008*, 1540 pages.
8. **DE LAUBADÈRE (André), VENEZIA (Jean-Claude), GAUDEMET (Yves),** *Droit administratif,* 15e édition, Paris, LGDJ, 1995, 419 pages.
9. **DE LAUBADÈRE (André)** et **GAUDEMET (Yves),** *Traité de droit administratif,* 11e édition, Paris, LGDJ, Tome 5, la fonction publique, 1998, 211 pages.
10. **DELVOLVÉ (Pierre)**, Le *droit administratif,* 6e édition, Dalloz, Paris, 2014, 158 pages.
11. **DEMBA (Sy)** et **BADARA FALL (Alioune),** *La Justice administrative en Afrique, Deuxième Rencontre de Dakar*, Toulouse, presses de L'Université Toulouse 1 Capitole, 2017, 245 pages.
12. **DOUMBIA (Kalilou),** *Le contentieux administratif, malien,* L'Harmattan, Sénégal, 2020, 771 pages.
13. **DUPUIS (Georges), et Centre d'Études et de Recherches sur l'Administration publique, Paris,** *Le Contrôle juridictionnel de L'administration, Bilan critique*, Paris, Economica, 1991, 259 pages.
14. **DUPRÉ DE BOULOIS (Xavier),** Les *annales de droit administratif, 2021*, Dalloz, Paris, 2021, 268 pages.
15. **FANDJIP (Olivier),** *Les mutations récentes de la justice administrative en Afrique francophone, étude critique à partir du modèle camerounais*, Paris, L'Harmattan, 2019, Études africaines série droit, 247 pages.

16. **GAUDEMET (Yves)**,
   - *Droit administratif*, 23e édition, LGDJ, Paris, 2020, 648 pages.
   - *Les Méthodes du juge administratif*, LGDJ, 2014, 321 pages.
17. **GOHIN (Olivier) et POULET (Florian),** *Contentieux administratif.* 10e édition, Paris, LexisNexis, 2020, 638 pages.
18. **GONOD (Pascale),** *Droit administratif général*, 2e édition, Dalloz, Paris, 2020, 198 pages.
19. **JACKELINE (Morand-Deviller)**, *Cours de droit administratif*, 14e édition, Paris, Montchrestien, 2005, 864pages.
20. **KAMDEM (Jean Claude),** *Contentieux administratif*, tome I, Université de Yaoundé, 1985-1986, 279 pages.
21. **KAMTO (Maurice)**, *Droit administratif processuel du Cameroun. Que faire en cas de litige avec l'administration ?* Presse universitaire du Cameroun, Yaoundé, 1990, 256 pages.
22. **KEUTCHA TCHAPNGA (Célestin)**,
   - *Précis du contentieux administratif au Cameroun : Aspect de l'évolution récente,* Paris, L'Harmattan, 2013, 324 pages.
   - *Les grandes décisions annotées de la juridiction administrative du Cameroun,* 1re éd., Paris, L'Harmattan, 2017, 728 pages.
23. **KELSEN (Hans)**, *Qu'est-ce que la justice ?* Genève, Markus Haller,141 pages.
24. **LAFAIX (Jean-François),** avec la collaboration de France Cour Administrative D'appel Nancy, et l'Institut de Recherches sur l'Évolution de la Nation et de L'État Nancy, *Le Renouvellement de L'office du Juge administratif*, Boulogne-Billancourt, Berger-Levrault, 2017, 334 pages.

25. **LAFERRIÈRE (Édouard)**, *Traité de la juridiction administrative et des recours contentieux*, 2 vol., 2e éd., Paris, Berger-Levrault, 1896, 675 p, réimprimé, 1989.
26. **LAMY (Valentin),** *Droit administratif*, Ellipses, Paris, 2018, 382 pages.
27. **LEGRAND (André)** et **WINER (Céline),** *Droit public,* édition 2017, Paris, La documentation française, 245pages.
28. **LOMBARD (Martine)** et **DUMONT (Gilles)**, *Droit administratif*, 6èmeédition, Dalloz, 2005, 562 pages.
29. **LOMBARD (Martine), DUMONT (Gilles),** et **SIRINELLI(Jean),** *Droit administratif.* 13e édition, Dalloz, Paris, 2019, 679 pages.
30. **MAURIN (André),** *Droit administratif.* 12e édition, Dalloz, Paris, 2020, 415 pages.
31. **MOYRAND (Alain) et DADI (Abderrahmane),** *La juridiction administrative au Tchad : du conseil du contentieux administratif à la chambre administrative et financière de la Cour d'appel de N'Djamena,* Travaux multiples du droit public, 1983, 360 pages.
32. **NLEP (Roger-Gabriel),** *L'Administration publique camerounaise : contribution à l'étude des systèmes africains d'administration publique,* Paris, LGDJ, 1986, 406 pages.
33. **OWONA (Joseph)**,
    - *Le contentieux administratif de la République du Cameroun*, Paris, L'Harmattan, 2011, 230 pages.
    - *Droit administratif spécial de la République du Cameroun*, Paris, Edicef, 1985, 256 pages.

34. **PARGUEL (Pierre-Olivier)**, *Le Président du tribunal administratif*, Publibook, France, 2008, 401 pages.
35. **PEISER (Gustave),** *Contentieux administratif*, 14e édition, Mémentos Dalloz, Paris, 2006, 279 pages.
36. **RIVERO (Jean)** et **WALINE (Jean)**, *Droit administratif*, 17èmeédition, Paris, Précis Dalloz, 1998, 529pages.
37. **RICCI (Jean-Claude),** *Droit administratif*, 4èmeédition, Paris, Hachette, 2004, 159pages.
38. **ROUAULT(Marie-Christine),** *L'essentiel du contentieux administratif*, Gualino, 2014, 126 pages.
39. **TRUCHET (Didier),** *Droit administratif*, 5e édition, PUF, Paris, 2013, 476 pages.
40. **VEDEL (George)** et **DELVOLVÉ(Pierre)**, *Droit administratif*, Paris, PUF, Tome 2, 1992, 802pages.
41. **VINCENT (Jean), GUINCHARD (Serge), MONTAGNIER (Gabriel), VARINARD (André),** *Institutions judiciaires,* 6e édition, Paris, Dalloz, 2001, 822 pages.
42. **WALINE (Jean),** *Droit administratif*, 28e édition, Dalloz, Paris, 2020, 846 pages.

II – Thèses et Mémoires

1. **ABA'A OYONO (J.C.),** *La compétence de la juridiction administrative en droit camerounais*, Thèse de Doctorat NR, Université de Nantes, 1994, 510 pages.
2. **DJEKOULA KOUBET (Guy Michel)**, *La liberté de la presse au Tchad : cas de la communication audiovisuelle*, Mémoire de Master en droit public, Université de Dschang, 2017-2018. 128 pages.
3. **DJIAZET MBOU MBOGNING (Severin),** *L'accès à la justice au Cameroun : Étude de sociologie juridique,* Thèse de Doctorat en droit de

l'homme et de la démocratie, Université de Bangui, 2014, 322 pages.

4. **DJIMASSAL (Patrick)**, *L'accès à la commande publique dans les marchés publics au Tchad*, Mémoire de Master en droit public, Université de Dschang, 2016-2017,295pages.
5. **DOUNANANG-WEYE (Dieudonné)**, *L'apport du Parlement à l'État de droit au Tchad*, Mémoire de Master en droit public, Université de Dschang, 2017-2018, 161pages.
6. **EWAMBIL DOIDIEN**, *Le contrôle de l'exécution des marchés publics en droit camerounais,* Mémoire de Master en droit public, Université de Dschang, 2014-2015, 152 pages.
7. **GARRIDO (Ludovic),** *Le droit d'accès au juge administratif. Enjeux, progrès et perspectives*, Thèse pour le doctorat en Droit, Université Montesquieu-Bordeaux IV, novembre 2005, 516 pages.
8. **GUESSELE ISSELE (Lionel Pierre),** *L'apport de la Cour suprême au droit administratif camerounais*, Thèse de Doctorat/PhD, en Droit public, Université de Yaoundé II, 2010, 703 pages.
9. **GUIMDO DONGMO (Bernard-Raymond)**, *Le juge administratif camerounais et l'urgence : Recherche sur la place de l'urgence dans le contentieux administratif camerounais,* Thèse de Doctorat d'État en droit Public, Université de Yaoundé 2, Mars 2004, 667 pages.
10. **JOHANNA AUDRY,** *La professionnalisation du juge,* Thèse de Doctorat en droit Privé et sciences criminelles, Université de Toulon, 2016, 666 pages.
11. **KARYO (Charles)**, *L'étendue du pouvoir du juge administratif dans le contentieux de la légalité au Tchad*, Mémoire de Master en droit public, Université de Dschang, 2015-2016, 149 pages.

12. **NGARADJIM DJERABÉ (Urbain),** *La protection du domaine public au Tchad*, Mémoire de Master en droit public, Université de Dschang, 2017-2018, 143 pages.
13. **NGUENA DJOUFACK (Arsène Landry)**, *La compétence du juge administratif camerounais à l'épreuve du droit communautaire CEMAC*, Mémoire de D.E.A, Université de Dschang, 2006, 99 pages.
14. **NYALUMA MULAGANO (Arnold),** *Les modes alternatifs de règlement de conflit : À la recherche d'une clé d'accès à la justice administrative congolaise,* Thèse de Doctorat en Sciences juridiques, Université Catholique de Louvain, Juin 2014, 527 pages.
15. **NZOUANKEU (Jacques Mariel),** *La notion d'acte règlementaire,* Thèse de Doctorat d'État de droit public, Université de Paris II, octobre 1975,552 pages

III – Articles de doctrine

1. **ABA'A OYONO (Jean-Calvin),**
   - « Les mutations de la justice à la lumière du développement constitutionnel de 1996 », *Revue électronique Afrilex*, 2000, n°1, pp. 1-23.
   - « Les fondements constitutionnels du droit administratif :de sa vertueuse origine française à sa graduelle transposition vicieuse dans les États stables et instables de l'Afrique francophone », *Revue CAMES/SJP,* n°001/2017, pp.11-31.
   - « Chronique du grain de sable dans la fluidité jurisprudentielle à la chambre administrative du Cameroun », *Juridis*

Périodique, Avril-Mai-Juin 2009, n°78, pp.62-74.

2. **AKENDENGUE (Martin),** « L'organisation de la justice administrative au Gabon », *Revue administrative*, n°6, 1999, pp. 43-48.
3. **ANOUKAHA (François),** « La réforme de l'organisation judiciaire au Cameroun », *Juridis périodiques*, n°68, octobre-novembre-décembre 2006, p. 45-56.
4. **ATEMENGUE (Jean de Noël),** « Les actes de gouvernement sont-ils une catégorie juridique ? Discussion autour de leur origine française et de leur réception camerounaise », *Juridis Périodique,* Avril-Mai-Juin 2000, n°42, pp.102-109.
5. **BIPELE KEMFOUEDIO (Jacques)** et **FANDJIP(Olivier),** « Le nouveau procès administratif au Cameroun : Réflexion sur le recours gracieux en matière d'urgence », *Revue internationale de droit comparé,* avril 2012, pp.974-992.
6. **BIPOUN WOUM (Joseph-Marie),** « Recherches sur les aspects actuels de la réception du droit administratif dans les États d'Afrique noire d'expression française : le cas du Cameroun », *Revue juridique et politique, indépendance et coopération,* n°3, 1972, pp. 297-412.
7. **BONNOTTE (Christophe),** « L'acceptabilité sociale est-elle un indice de la qualité de la justice administrative », *Revue française d'administration publique*, n°159, 2016, pp. 689-700.
8. **BOURGI (Albert),** « L'évolution du constitutionnalisme en Afrique : du formalisme à l'effectivité », *Revue française du droit constitutionnel*, 2002/4, n°52, pp.721-748.

9. **BOYEUR-CAPELLE (Caroline),** « Gestion des dossiers et qualité de la justice administrative », *Revue française d'administration publique,* 2016, n°159, pp. 727-738.
10. **BRANCO (Patricia)** et **DUMOULIN (Laurence),** « La justice en trois dimensions : Représentation, architectures et rituels », *Droit et Société,* 2014, n°87, pp. 485-505.
11. **BRETON (Jean-Marie),** « Légalité et État de droit : statut et perception du juge de l'administration (Contribution à une réflexion transversale) », *Revue électronique Afrilex*, 2003, n°03, pp.69-97.
12. **CASSIN (René),** « Une méthodologie de la thèse de doctorat en droit » *in cahier de méthodologie juridique,* 1990, n°11, PUAM, pp.1192.
13. **CHALOYARD (Barbara),** « Les chambres administratives indépendantes autrichiennes : une institution controversée », *Revue internationale du droit comparé,* 2001, n°2, pp. 430-452.
14. **CHEVALLIER (Jacques),** « Le droit administratif, droit de privilège ? », *Pouvoirs,* 1998, n°46, pp.57-70.
15. **CLAUDE (Didry),** « Léon Duguit ou le service public en action », *Revue d'histoire moderne et contemporaine*, 2005, n°52-3, pp. 88-97.
16. **CLUZEL-METAYER (Lucie) et SAUVIAT (Agnès),** « Les notions de qualité et de performance de la justice administrative », *Revue française d'administration publique,* 2016, n°159, pp. 675-688.
17. **CONAC (Gérard),** « État de droit et démocratie », *in l'Afrique en transition vers le pluralisme politique,* Paris, Economica, 1993, pp. 438-508.

18. **COULIBALY (Alban),** « La rénovation de la justice en Afrique : le rôle du juge dans la construction de l'État de droit », *RJPIC,* janvier-avril 1999, n°1, pp.50-61.
19. **DE CODT (Jean)**, « L'indépendance fonctionnelle de la justice sera-t-elle mieux garantie par la décentralisation de sa gestion ? », *Pyramides* [En ligne], 29 | 2017, mis en ligne le 1er février 2019, consulté le 13 juin 2021. URL: http://journals-openedition.org.gorgone.univ-toulouse.fr/pyramides/1230
20. **DE GAUDUSSON (Jean du Bois), «** La justice en Afrique : nouveaux défis, nouveaux acteurs », *Revue Afrique contemporaine,* 4e trimestre 1990, n°156, numéro spécial 156, pp. 13-27.
21. **DELVOLVÉ (Pierre),** « Le Conseil d'État, Cour Suprême de l'ordre administratif », *Pouvoirs,* 2007, n°123, pp.51-60.
22. **DONFACK SOKENG (Léopold),** « L'État de droit en Afrique », *revue CERDIP,* volume 1, juillet-décembre 2002, n° 2, pp.88-125.
23. **DU MARAIS (Bertrand)** et **GRAS (Antonin),** « La cyber justice, enjeu majeur pour la qualité de la justice administrative », *Revue française d'administration publique,* 2016, n°159, pp.789-806.
24. **FANDJIP (Olivier),** « Les citations directes en droit camerounais du contentieux administratif », *Juris doctoria,* 2012, n°8, pp. 133-157
25. **FOULQUIER-EXPERT (Caroline),** « La qualité de la justice administrative : L'expérience du Royaume-Uni », *Revue française d'administration publique,*2016, n°159, pp.835-848.

26. **GAUDEMET(Yves),** « L'avenir de la juridiction administrative », *in Gazette du Palais*, 1979, Tome 2, Doctrine, 511 pages.
27. **GILLI (Jean-Paul),** « Le rôle du juge administratif en matière d'expropriation », *Actualité juridique du droit administratif*, janvier 1973, pp. 14-18.
28. **GNIMPIEBA TONNANG (E.) et NGUENA DJOUFACK (A.L.),** « L'influence du droit communautaire de la CEMAC sur le domaine de compétence du juge administratif camerounais » (en collaboration), *Recht in Afrika*, Cologne, 26 octobre 2011, pp. 219-239.
29. **GUIMDO DONGMO (Bernard-Raymond),** « Le droit d'accès à la justice administrative au Cameroun : Contribution à l'étude d'un droit fondamental », *Revue de la recherche juridique*, 2008, n°121, pp. 543-492.
30. **HOTI (Paulina) et HOXHAJ (Entela),** « L'existence d'ordres juridictionnels comme spécialisation de la justice », *in Global Journal of Arts Humanity and Social Sciences,* Janvier 2015, vol 3, n°1, pp.39-50.
31. **JACQUOT (Henri),** « Le contentieux administratif au Cameroun », *RCD*, n°07, janvier-juin 1975, pp. 81-91.
32. **JAMEL AJROUD**, « L'indépendance de la justice en Tunisie », *Revue française du Droit constitutionnel,* 2011, n°86, pp.428-438.
33. **KAMTO (Maurice)**, « La fonction administrative contentieuse de la Cour suprême du Cameroun », *Les Cours suprêmes en Afrique*, Paris, Economica, 1988, pp.31-67.

34. **KAMTO (Maurice)** et **GUIMDO DONGMO (Bernard-Raymond),** « Le silence de l'administration en droit administratif camerounais », *Chronique juridiques,* 15 décembre 1994, lex lata, n°005, pp.10-14.
35. **KEUTCHA TCHAPNGA (Célestin),**
    - « Le juge constitutionnel, juge administratif au Bénin et au Gabon ? », *Revue française du droit constitutionnel,* 2008, n° 75, pp.551-583.
    - « Les mutations récentes du droit administratif camerounais », *Revue électronique Afrilex,* 2000, n°1, pp.1-22.
    - « La reforme attendue du contentieux administratif au Cameroun », *Juridis périodique*, n°70, avril-mai-juin 2007, p. 24-29.
36. **KOUAM (Siméon Patrice),** « L'organisation juridictionnelle et la construction de l'État de droit au Cameroun », *Revue juridique et politique*, 2013, n°1, pp. 79-122.
37. **LAMPUÉ (Pierre),** « La justice administrative dans les États d'Afrique francophone », *RJPIC*, 1961, pp. 7-27.
38. **LE BERRE (Hugues),** « les revirements de jurisprudence en droit administratif de L'an VIII à 1998 (Conseil D'État et Tribunal des Conflits) », in *Revue internationale de Droit comparé* 51.4 (1999): 1188-189, accessible dans la bibliothèque en ligne : https://catalogue-archipel.univ-toulouse.fr consulté le 17/06/2021 à 14h 22 mn.
39. **LOCHAK (Danièle),** « Qualité de la justice administrative et contentieux des étrangers », *Revue française d'administration,* 2016, n°159, pp. 701-714.

40. **MALLOL (Francis),** « Veuillez patienter : regard dubitatif sur la qualité et la célérité de la justice administrative », *Revue française d'administration publique,* 2016, n°159, pp. 775-788.
41. **MARCOU (Gérard),** « Une cour administrative suprême : particularité française ou modèle en expansion ? », *Pouvoirs,* 2007, n°23, pp. 133-154.
42. **MARION (Alain),** « Du mauvais fonctionnement de la juridiction administrative et de quelques moyens d'y remédier », *Pouvoirs,* 1998, n°46, pp. 21-34.
43. **MOMO (Claude),** « l'évolution du modèle de justice administrative en Afrique subsaharienne francophone », *Revue juridique et politique,* 2013, n°3, pp. 315-361.
44. **MOUDOUDOU (Placide),** « Les tendances du droit administratif dans les États d'Afrique noire francophone », *Annales de l'Université Marien NGOUABI,* 2009, n°10, pp.1-36.
45. **MOYRAND (Alain),** « Réflexion sur l'introduction de l'État de droit en Afrique noire francophone », *Revue internationale du droit comparé*, 1991, n°4 octobre-décembre, pp.853-878.
46. **NGAIDÉ (Moustapha),** « Le Conseil d'État du Sénégal et le principe de l'égal accès des citoyens à un emploi public : À propos de l'arrêt du 29 juin, Association nationale des handicapés moteurs du Sénégal contre État du Sénégal (Arrêt n°12) », *Revue électronique Afrilex,* 2003, n°3, pp. 193-222.
47. **NGIMBOG (Laurent-Roger),** « La justice administrative à l'épreuve du phénomène de la corruption au Cameroun », *Droit et Société*, 2002, n°51-52, pp.301-323.

48. **NGWA NFOBIN, (E.H),** « Le problème de l'inexécution des décisions du juge administratif au Cameroun », *RASJ,* 2010, volt 7,n°1, pp. 297-312.
49. **NLEP (Roger-Gabriel),** « Le juge de l'administration et les normes internes constitutionnelle ou infra constitutionnelle en matière des droits fondamentaux », *SOLON*, vol 1, n°1, 1999, pp. 135-149.
50. **ONDOA (Magloire),** « Le droit administratif français en Afrique francophone : Contribution à l'étude de la réception des droits étrangers en droit interne », *RJPIC,* vol. 56, n°3, 2002, pp.287-333.
51. **OULD BOUBOUTT (Ahmed Salem),** « Le contentieux administratif comparé en France et dans les pays d'Afrique francophones », *Revue du droit comparé et de la science politique en France et à l'étranger,* 1er mars 2013, n°2, p. 379.
52. **PAPA OUMAR SAKHO,** « Quelle justice pour la démocratie en Afrique ? », *Pouvoir,* 2009, n°129, pp.57-64.
53. **PAULIAT (Hélène),** « La mission permanente d'inspection de la justice administrative : Un rôle central dans l'évaluation de la qualité de la justice administrative ? », *Revue française d'administration publique,* 2016, n°159, pp. 807-818.
54. **PLESSIX (Benoit),** « Sécurité juridique et confiance légitime », *Revue du droit public et de la science politique en France et à l'étranger*, 1er mai 2016, n°3, pp. 799.
55. **RENOUX (Thierry)** « La Justice dans le débat démocratique - L'autorité judiciaire, un service public ? » in *Les Cahiers de La Justice*, Dalloz, 2017, p. 331.

56. **SAUVÉ (Jean-Marc),** « La qualité de la justice administrative », *Revue française d'administration publique,* 2016, n°159, pp.667-674.
57. **SEILLER (Bertrand),** « Sécurité juridique et office du juge administratif », *Revue du droit public et de la science politique en France et à l'étranger,* 1er mai 2016, n°3, pp.765.
58. **SIETCHOUA DJUITCHOKO (Célestin),**
    - « Perspectives ouvertes à la juridiction administrative au Cameroun par la loi n°96/06 du 18 janvier 1996, portant révision de la Constitution de 2 juin 1972 », *Annales de la FSJP de l'Université de Dschang*, Tome 1, Vol. 11997, pp. 162-175.
    - « La réforme inachevée du contrôle juridictionnel des comptes au Cameroun », *RJPEF,* n°1, janvier-mars 2004, pp. 70-118.
    - « La difficile gestation des juridictions inférieures des comptes au Cameroun », *Juridis périodique,* n°68, octobre-novembre-décembre 2006, pp. 101-113.
    - « La chambre des comptes de la Cour suprême, nouveau juge administratif au Cameroun », *Revue juridique et politique,* n°3, juillet-septembre 2013, pp. 259-286.
59. **ZOGO NKADA (Simon-Pierre),** « Le nouveau constitutionnalisme africain et la garantie des droits socioculturels des citoyens : Cas du Cameroun et du Sénégal », *Revue française du droit constitutionnel,* 2012/2014, n°92, pp. 1-17.

IV – Notes de jurisprudence

1. **DJIMADOUMNGAR (Allah-Adoumbeye),** Note sous Cour suprême. Chambre administrative, arrêt n°019 du 14 juillet 2010, affaire D.L et 9 autres c/ État tchadien, *Revue juridique tchadienne*, n°27, mars 2017, pp. 13-15.
2. **DJONATA (Djatto),** Note sous Cour suprême. Chambre administrative, arrêt n°008 du 16 septembre 2011, affaire Association des Maires c/ Commission électorale nationale indépendante (CENI), *Revue juridique tchadienne*, n°22, juillet 2012, pp. 30-32.
3. **NGUENA DJOUFACK (A.L.),** Note sous Cour de justice de la CEMAC, Arrêt n° 001/CJ/CEMAC/CJ/07 du 01/02/2007, Société anonyme des Brasseries du Cameroun c/ République du Tchad, *Juridis Périodique,* n° 98, avril-mai-juin 2014, pp. 32-40.

V – Textes juridiques

A - Textes juridiques nationaux

1 – Constitutions

1. Constitution tchadienne du 28 novembre 1960
2. Constitution tchadienne du 31 mars 1996 révisée le 15 juillet 2005
3. Constitution tchadienne du 04 mai 2018 ;
4. Constitution tchadienne de 2020 (révisée) ;
5. Charte de Transition de 2021.

2 - Textes législatifs et règlementaires

1. Décret du 16 octobre 1946, portant création du Conseil de Contentieux administratif en Afrique équatoriale française
2. Ordonnance n° 18/INT/ du 27 mai 1959, portant création d'un tribunal administratif au Tchad

3. Ordonnance n°6-67 du 21 mars 1967, portant organisation et fonctionnement de la Cour d'appel du Tchad
4. Loi n°004/PR/1998, portant organisation judiciaire au Tchad
5. Loi n° 006/PR/1998, portant organisation et fonctionnement de Cour suprême du Tchad
6. Loi n° 10/PR/2006, portant statut particulier de personnel des Greffes au Tchad
7. Ordonnance n°007/PR/2012, portant statut de la Magistrature au Tchad
8. Loi n°11/PR/2013, portant code judiciaire au Tchad
9. Loi n° 012/PR/2013, portant organisation et fonctionnement des tribunaux statuant en matière de contentieux administratif
10. Décret n°1010/PR/PM/MJDH/2014, portant création des juridictions et fixant leur ressort territorial au Tchad.
43. Ordonnance n° 016/PR/2014, portant organisation et fonctionnement de la Cour Suprême.
44. Loi n° 001/PR/2017, portant Code pénal du Tchad.
45. Ordonnance n° 015/PR/2018, portant attribution, organisation et règles de procédure devant la Cour Suprême.
46. Ordonnance n°0037/PR/2018, portant création des unités administratives et des collectivités autonomes au Tchad.
47. Ordonnance n° 002/PR/2021, portant attribution, organisation et règles de procédure devant la Cour Suprême.
48. Ordonnance n° 003/PR/2021, portant attribution, organisation et règles de procédure devant la Cour des comptes.

B - Textes juridiques étrangers

1- Au Cameroun

1. Loi n°75/17 du 08 décembre 1975, fixant la procédure devant la Cour suprême statuant en matière administrative.
2. Loi n°2006/015 du 29 décembre 2006, portant organisation judiciaire.
3. Loi n°2006/016 du 29 décembre 2006, portant organisation et fonctionnement de la Cour suprême.
4. Loi n°2006/022 du 29 décembre 2006 fixant l'organisation et le fonctionnement des tribunaux administratifs.
5.

2 – Au Gabon

1. Loi n°06/78 du 1er juin 1978, portant organisation judiciaire.
2. Loi n° 17/84 du 29 décembre 1984, portant code des juridictions administratives.
3. Loi n° 15/2002 du 27 novembre 2002, fixant l'organisation, la compétence et le fonctionnement du Conseil d'État.

3 – Au Burkina Faso

1. Loi n° 15/2000/AN du 23 mai 2000, portant, composition, organisation, attribution, fonctionnement du Conseil d'État et procédure applicable devant lui.
2. Loi n° 010/2016/AN, portant composition, organisation, attribution, fonctionnement de la Cour administrative d'appel et procédure applicable devant elle.
3. Loi n° 11/2016/AN, portant création, composition, attributions, fonctionnement des tribunaux administratifs et procédure applicable devant eux.

4 - En France

1. Loi des 16 et 24 août 1790 sur l'organisation judiciaire
2. Décret du 16 fructidor an III (2 septembre 1795), portant interdiction aux tribunaux de connaitre des actes administratifs.
3. Code de la Justice administrative française de 2016

VI- Les décisions de justice

A. Au Tchad

1. Arrêt n°1-69/CA/CA du 24 février 1969, affaire Société des Ets Bonifas c/ Commune de Fort-Lamy ;
2. Arrêt n°3-69/CA/CA du 23 mai 1969, affaire TOLBE Jean-Noël c/ Commune de Fort-Lamy ;
3. Arrêt n°1-76/CA/CA du 12 mars 1976, affaire LAOUKOLE Jean-Baptiste c/ État tchadien ;
4. Arrêt n°006/CS/CA/SC du 24 avril 2013, affaire la Société Millicom Tchad S.A c/ État tchadien ;
5. Arrêt n°0002/CS/CA/SC du 10 novembre 1999, affaire R.K et 3 autres c/ État tchadien ;
6. Arrêt 004/CS/CA/SC du 30 novembre 1999, affaire MANGUE Djarkem c/ État tchadien ;
7. Arrêt n°004/CS/CA/SC du 10 mai 2000, affaire Chambre nationale des Notaires c/ État tchadien ;
8. Arrêt n°00020/CS/CA/SC du 22 novembre 2000, affaire I.J c/ État tchadien ;
9. Arrêt n°02/CS/CA/SC du 24 janvier 2001 affaire H.H c/ État tchadien ;
10. Arrêt n°017/CS/CA/SC du 19 juin 2001, affaire B.D c/ État tchadien ;
11. Arrêt n°008/CS/CA/SC du 12 juin 2002, affaire H.S c/ État tchadien ;
12. Arrêt n°010/CS/CA/SC du 26 mars 2003, affaire Groupe D. c/ État tchadien ;

13. Arrêt n°00006/CS/CA/SC du 25 février 2005, affaire ministère de l'Enseignement supérieur de la Recherche scientifique et de la Formation professionnelle c/ B.J, B.B ;
14. Arrêt n°24/CS/CA/SC du 13 décembre 2005, affaire Société des Femmes tchadiennes transitaires c/ ministère des Finances ;
15. Arrêt n°007/CS/CA/SC du 26 avril 2006, affaire Mahamat Saleh Oumar c/ État tchadien ;
16. Arrêt n°016/CS/CA/SC du 16 avril 2008, affaire x c/ ministère de l'Agriculture ;
17. Arrêt n°038/CS/CA/SC du 24 septembre 2008, affaire des ayants droit DJIDINGAR DONO Ngardoum c/ État tchadien ;
18. Arrêt n° 017/CS/CA/SC du 07 septembre 2005, affaire SPC c/ État tchadien ;
19. Arrêt n°023/CS/CA/SC du 30 novembre 2005, affaire x c/ État tchadien ;
20. Arrêt n°044/CS/CA/SC du 05 novembre 2008, affaire DJOUNA KOSSI Abakar c/ État tchadien ;
21. Arrêt n°009/CS/CA/SC du 25 février 2009, affaire A.G c/ État tchadien ;
22. Arrêt n°007/CS/CA/SC du 07 aout 2009, affaire X et autres c/ ministère de la Culture, de la Jeunesse et des Sports ;
23. Arrêt n°005/CS/CA/SC du 14 avril 2010, affaire x c/ Sotel Tchad ;
24. Arrêt n°021/CS/CA/SC du 28 juillet 2010, affaire X et autre c/ État tchadien ;
25. Arrêt n°025/CS/CA/SC du 28 juillet, affaire X et 8 autres c/ État tchadien ;
26. Arrêt n°019/CS/CA/SC du 14 juillet 2010, affaire D.L et 9 autres c/ État tchadien ;
27. Arrêt n°010/CS/CA/SC du 06 juillet 2011, affaire N.N.A et Y.M.O c/ État tchadien ;

28. Arrêt n°012/CS/CA/SC du 13 juillet 2011, affaire Dame ISSI et 375 autres c/ Mairie de N'Djamena ;
29. Arrêt n°008/CS/CA/SC du 16 septembre 2011, affaire Association des Maires c/ CENI ;
30. Arrêt n°023/CS/CA/SC du 24 octobre 2012, affaire Celtel Tchad c/ État tchadien ;
31. Arrêt n°11/CA/CA de N'Djamena, 11 février 2014, affaire Gouverneur de Kanem c/ TPI de Mao ;

B. Au Cameroun

1. Arrêt n°20 du 20 mars 1968, affaire NGONGANG NJANKE Martin c/ État camerounais ;
2. Arrêt n°213 CFJ/CAJ du 17 aout 1972, affaire AOUA Hadja c/ État camerounais
3. Arrêt n°66/78-79/CS/CA du 31 mai 1979, affaire KOUANG Guillaume Charles c/ État camerounais ;
4. Arrêt n°7/CS/CA du 29 novembre 1979, affaire ESSOMBA Marc Antoine c/ État camerounais ;
5. Arrêt n°34/CS/CA/79-80 du 24 avril 1980, affaire ESSOUGOU Benoit c/ État camerounais ;
6. Arrêt n°44/CS/CA du 26 juin 1980, affaire YOMBI c/ État camerounais ;
7. Arrêt n°84/CS/CA du 30 juin 1983, affaire ATANGANA MBARGA Adalbert c/ État camerounais ;

C. En France

1. CE, 9 mai 1867, Duc D'Aumale ;
2. TC, 8 février 1873, Blanco ;
3. CE, 19 février 1875, Prince Napoléon ;
4. CE, 13 février 1899, Héritier de Jolly ;
5. CE, 31 juillet 1912, Société des Granits porphyroïdes de Vosges ;
6. CE, 25 juin 1948, Brillaud ;
7. CE, 8 juin 1951, Hirschowitz ;

8. TC, 27 novembre 1952, préfet de la Guyane ;
9. CE, 31 mai 1957, Louis Girard ;
10. CE, 12 mai 1961, Huta ;
11. CE, 22 octobre 1979, Union Démocratique du Travail ;
12. CE, 26 mai 1995, Etna
13. CE, 5 mars 1999, Président de l'Assemblée ;

D. Au niveau communautaire

- Cour de justice de la CEMAC, Arrêt n° 001/CJ/CEMAC/CJ/07 du 01/02/2007, Société anonyme des Brasseries du Cameroun c/ République du Tchad.

INDEX ALPHABÉTIQUE

(Les chiffres renvoient aux numéros des pages.)

TABLE DES MATIÈRES

Structures éditoriales du groupe L'Harmattan

L'Harmattan Italie
Via degli Artisti, 15
10124 Torino
harmattan.italia@gmail.com

L'Harmattan Hongrie
Kossuth l. u. 14-16.
1053 Budapest
harmattan@harmattan.hu

L'Harmattan Sénégal
10 VDN en face Mermoz
BP 45034 Dakar-Fann
senharmattan@gmail.com

L'Harmattan Cameroun
TSINGA/FECAFOOT
BP 11486 Yaoundé
inkoukam@gmail.com

L'Harmattan Burkina Faso
Achille Somé – tengnule@hotmail.fr

L'Harmattan Guinée
Almamya, rue KA 028 OKB Agency
BP 3470 Conakry
harmattanguinee@yahoo.fr

L'Harmattan RDC
185, avenue Nyangwe
Commune de Lingwala – Kinshasa
matangilamusadila@yahoo.fr

L'Harmattan Congo
67, boulevard Denis-Sassou-N'Guesso
BP 2874 Brazzaville
harmattan.congo@yahoo.fr

L'Harmattan Mali
ACI 2000 - Immeuble Mgr Jean Marie Cisse
Bureau 10
BP 145 Bamako-Mali
mali@harmattan.fr

L'Harmattan Togo
Djidjole – Lomé
Maison Amela
face EPP BATOME
ddamela@aol.com

L'Harmattan Côte d'Ivoire
Résidence Karl – Cité des Arts
Abidjan-Cocody
03 BP 1588 Abidjan
espace_harmattan.ci@hotmail.fr

Nos librairies en France

Librairie internationale
16, rue des Écoles
75005 Paris
librairie.internationale@harmattan.fr
01 40 46 79 11
www.librairieharmattan.com

Librairie des savoirs
21, rue des Écoles
75005 Paris
librairie.sh@harmattan.fr
01 46 34 13 71
www.librairieharmattansh.com

Librairie Le Lucernaire
53, rue Notre-Dame-des-Champs
75006 Paris
librairie@lucernaire.fr
01 42 22 67 13

www.ingramcontent.com/pod-product-compliance
Lightning Source LLC
LaVergne TN
LVHW011309061026
849535LV00005B/1469
* 9 7 8 2 3 4 3 2 5 4 8 9 0 *